FRED MOTEN E STEFANO HARNEY

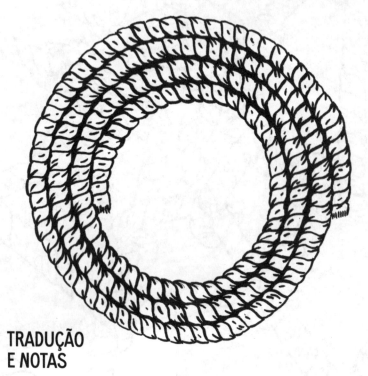

TRADUÇÃO
E NOTAS

MARIANA RUGGIERI
RAQUEL PARRINE
ROGER FARIAS DE MELO
VIVIANE NOGUEIRA

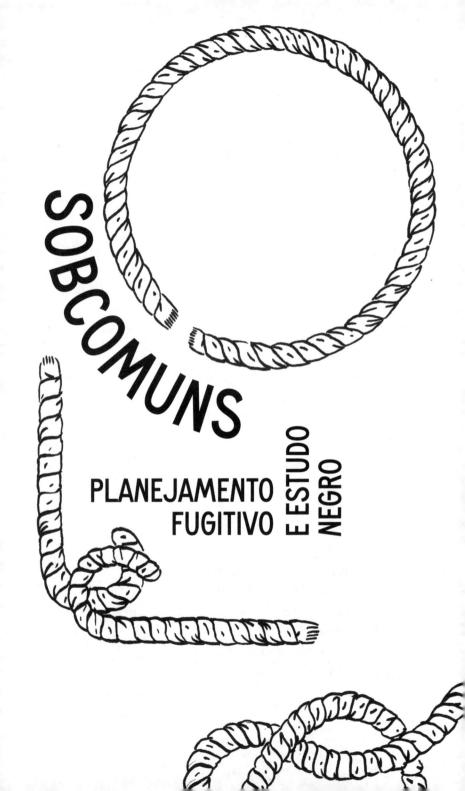

7 *Prefácio*
O além indomável: com e a favor dos sobcomuns
JACK HALBERSTAM

189 *Posfácio*
Ou (os que "combinamos de não morrer")
DENISE FERREIRA DA SILVA

204 Nota da tradução, ou um registro da partilha

215 Referências

217 Índice onomástico

220 Sobre os autores

20   1. O CERCO À POLÍTICA

26   2. A UNIVERSIDADE E OS SOBCOMUNS

52   3. NEGRIDADE E GOVERNANÇA

68   4. DÍVIDA E ESTUDO

80   5. PLANEJAMENTO E DIRETIVAS

96   6. FANTASIA NA APREENSÃO
DO PORÃO DO NAVIO

116   7. O ANTAGONISMO GERAL:
UMA ENTREVISTA COM STEVPHEN SHUKAITIS

O ALÉM INDOMÁVEL: COM E A FAVOR DOS SOBCOMUNS

JACK HALBERSTAM

· Termina com amor, troca, camaradagem. Termina como começa, em movimento, entre os vários modos de ser e pertencer, a caminho de novas economias do dar, tomar, ser com e para, e termina com um passeio em um Buick Skylark a um lugar completamente outro. Surpreendente, quem sabe, depois de lidarmos com a despossessão, a dívida, o deslocamento e a violência. Mas não surpreendente quando se entende que os projetos de "planejamento fugitivo e estudo negro" tratam em sua maioria de fazer contato para encontrar conexões, fazer causa comum com o destroçamento do ser, um destroçamento que, me aventuraria a dizer, também é a negridade que permanece negridade, e que permanecerá, apesar de tudo, destituída, pois este livro não é uma receita para reparação.

Se não tentamos consertar o que foi destroçado, o que acontece? Como nós resolvemos viver com o destroçamento, com o ser destroçado, que é também o que Moten e Harney chamam de "dívida"? Bem, visto que às vezes dívida é uma história do dado, outras vezes uma história do tomado, mas sempre uma história do capitalismo, e visto que dívida significa também uma promessa de propriedade, mas que ela nunca cumpre essa promessa, entendemos que dívida é algo que não pode ser pago. Dívida, como diz Harney, pressupõe um tipo de relação individualizada com uma economia naturalizada que se baseia na exploração. Há, pergunta ele, outro sentido para o que é devido que não pressuponha um nexo de atividades tais como reconhecimento e aceitação, pagamento e gratidão? Dívida pode "se tornar um princípio de elaboração"?

Na entrevista com Stevphen Shukaitis, Moten relaciona a dívida econômica ao despedaçamento do ser; reconhece que algumas dívidas podem ser pagas e que muito é devido pelas pessoas brancas, especialmente às pessoas negras. Ele ainda diz: "Mas também sei que aquilo que deve ser reparado é irreparável. Não há reparação. A única coisa que podemos fazer é destruir completamente essa merda e começar do zero" [pp. 180–81]. Os sobcomuns[1] não vêm para pagar suas dívidas, para reparar o que foi quebrado, para consertar o que foi desfeito.

Se o leitor quer saber o que querem os sobcomuns, o que querem Moten e Harney, o que querem as pessoas negras, indígenas, queers e pobres, o que queremos nós (o "nós" que coabita o espaço dos sobcomuns), é o seguinte – não podemos nos satisfazer com o reconhecimento e a aceitação gerados pelo mesmo sistema que nega: a) que alguma coisa tenha se quebrado [*broken*] e b) que merecíamos ser a parte quebrada; por isso, nós nos recusamos a pedir reconhecimento – ao contrário, nós queremos desmontar, desmantelar, derrubar a estrutura que, neste momento, limita a nossa capacidade de encontrarmos uns aos outros, de ver além e de ter acesso aos lugares que sabemos que existem fora de suas paredes. Não podemos prever que novas estruturas substituirão aquelas com as quais ainda

---

1 Cf. "Nota da tradução, ou um registro da partilha", no fim do volume.

PREFÁCIO: JACK HALBERSTAM

vivemos, pois, uma vez que tivermos botado tudo abaixo, inevitavelmente veremos mais, veremos de modo diferente e sentiremos um novo sentido de querer, ser e devir. O que quereremos depois da "quebra" será diferente daquilo que pensamos querer antes da quebra e ambas serão necessariamente diferentes do desejo que surge precisamente do estar na quebra.

Pensemos de outro modo. Na melancólica e visionária versão cinematográfica da obra de Maurice Sendak *Onde vivem os monstros* (1963), realizada em 2009, o pequeno aventureiro Max deixa seu quarto, sua casa e sua família para explorar um além indomável e encontra um mundo de feras perdidas e solitárias que prontamente fazem dele o seu rei. Max foi o primeiro rei das feras indomáveis que elas não comeram e que, por sua vez, não tentou comê-las; e as feras foram as primeiras criaturas adultas que Max conheceu que se importavam com sua opinião, seu julgamento e suas regras. O poder de Max vem do fato de ele ser pequeno, enquanto elas são grandes; ele jura às feras que não tem a intenção de comê-las e isso é mais do que qualquer um jamais lhes jurara. Promete encontrar maneiras de atravessar e contornar, "deslizar pelas rachaduras" e voltar a abri-las, caso elas se fechem. Promete manter a tristeza à distância e criar um mundo com as criaturas indomáveis que "rugiram seus rugidos terríveis e rangeram seus dentes terríveis e reviraram seus olhos terríveis e mostraram suas garras terríveis". O fato de Max fracassar em sua intenção de fazer as feras felizes ou salvá-las ou criar um mundo com elas é menos importante do que o fato de que ele as encontrou e reconheceu nelas o fim de algo e um caminho potencialmente alternativo para o seu próprio mundo. As feras não eram criaturas utópicas de contos de fadas, eram sujeitos rejeitados e perdidos do mundo que Max deixara para trás e, porque transita entre a terra edipiana governada por sua mãe e o mundo arruinado dos selvagens, ele conhece os parâmetros do real – ele vê o que é incluído e o que é deixado de fora e, por isso, é capaz de zarpar para outro lugar, um lugar que não é nem a casa de onde ele saiu nem a casa para onde quer voltar.

Moten e Harney querem apontar para um outro lugar, um lugar selvagem que não seja simplesmente o espaço restante que delimita as zonas reais e regulamentadas da sociedade bem-educada; ao contrário, um lugar indomável que produza continuamente sua própria natureza selvagem não regulamentada. A zona na qual entramos por intermédio de Moten e Harney é contínua e existe no presente e, como diz Harney, "uma demanda que já estava sendo acionada, cumprida no próprio chamado" [p. 157]. Ao descrever os distúrbios de 2011 na Inglaterra, Harney sugere que distúrbios e insurreições não separam "o pedido, a demanda e o chamado" – ao contrário, eles encenam um no outro: "Mas creio que no caso do chamado – como eu o entendo, o chamado inscrito na dinâmica do chamado e da resposta – a resposta já está lá, antes mesmo de o chamado ser proferido; creio que o chamado é posterior à resposta. Já estamos no meio de algo" [ibid.]. *Nós já estamos nela.* Para Moten, nós estamos sempre naquela coisa que chamamos e que nos chama. Além do mais, o chamado é sempre um chamado à des-ordem e essa desordem, ou essa natureza selvagem, manifesta-se em muitas coisas: no jazz, na improvisação, no ruído. Os sons desordenados a que nos referimos como cacofonia serão sempre considerados "extramusicais", como diz Moten, precisamente porque ouvimos algo neles que nos lembra que o nosso desejo de harmonia é arbitrário e que, em outro mundo, a harmonia soaria incompreensível. Ouvir a cacofonia e o ruído nos diz que há um além indomável das estruturas que habitamos e que nos habitam.

PREFÁCIO: JACK HALBERSTAM

E quando somos chamados a esse outro lugar, o além indomável ou, segundo a apropriada terminologia de Moten e Harney, "o além do além", temos de nos entregar a um certo tipo de loucura. Moten lembra que, mesmo quando Frantz Fanon assumiu uma postura anticolonial, ele sabia que "pareceria loucura", mas, como psiquiatra, também sabia *não* aceitar essa divisão orgânica entre o racional e o louco; sabia que seria uma loucura para ele não assumir essa postura num mundo que lhe atribuíra o papel do irreal, do primitivo e do selvagem. Fanon, de acordo com Moten, não quer o fim do colonialismo, mas, sim, o fim do ponto de vista a partir do qual o colonialismo faz sentido. Portanto, para pôr fim ao colonialismo, não se deve dizer a verdade ao poder, deve-se habitar a louca, absurda e vociferante linguagem do outro, esse outro a quem o colonialismo atribuiu uma não existência. Na verdade, a negridade, para Moten e Harney, à maneira de Fanon, é a vontade de estar no espaço que foi abandonado pelo colonialismo, pela lei e pela ordem. Moten nos leva até lá quando diz sobre Fanon: "Finalmente, creio, ele passa a acreditar no mundo, o que significa o outro mundo, o mundo que habitamos e onde talvez até mesmo cultivemos essa ausência, esse lugar que aparece aqui e agora, no espaço e no tempo do soberano, como ausência, escuridão, morte, coisas que não são (como diria John Donne)" [p. 162].

O caminho até o além indomável é pavimentado pela recusa. Em *Sobcomuns*, se partimos de algum ponto, é do direito de recusar o que nos foi recusado. Citando Gayatri Spivak, Moten e Harney chamam essa recusa de "primeiro direito" e é um tipo de recusa que muda o jogo, na medida em que assinala a recusa das escolhas tal como são oferecidas. Podemos entender essa recusa nos termos em que Chandan Reddy a coloca em *Freedom With Violence* (2011). Para Reddy, o casamento gay é uma opção que não pode ser contestada nas urnas. Embora se possa ressaltar uma série de críticas ao casamento gay em termos de institucionalização da intimidade, quando se vai às urnas para votar, com a caneta na mão, só é possível marcar "sim" ou "não" e o "não", nesse caso, pode ser mais calamitoso que o "sim". Assim, devemos recusar a escolha que nos é oferecida.

Moten e Harney também estudam o que significaria recusar o que denominam "chamado à ordem". E o que significaria, ademais, recusar-se a chamar os outros à ordem, recusar a interpelação e a reinstanciação da lei. Moten e Harney sugerem que, quando recusamos, criamos dissonância e, mais importante, permitimos que a dissonância continue – quando entramos em uma sala de aula e recusamos chamar à ordem, estamos permitindo que o estudo continue, um estudo dissonante talvez, um estudo desorganizado, porém o estudo que precede nosso chamado e continuará após deixarmos a sala. Ou, ao ouvir música, devemos recusar a ideia de que a música acontece apenas quando o músico entra e pega o instrumento; música também é o que antecede a execução, os ruídos de apreciação que ela gera e a fala que acontece à sua volta e através dela, produzindo-a e apreciando-a, estando nela enquanto a escuta. Assim, quando nos recusamos a chamar à ordem – o professor pegando o livro, o maestro erguendo a batuta, o orador pedindo silêncio, o carrasco apertando o nó –, recusamos chamar à ordem como distinção entre ruído e música, tagarelice e conhecimento, dor e verdade.

Esses tipos de exemplos chegam ao coração do mundo dos sobcomuns de Moten e Harney – os sobcomuns não são um domínio onde nos rebelamos e geramos crítica; é um lugar onde podemos "abrir fogo contra o mar de angústias / E, relutante, dar-lhes fim". Os sobcomuns são um espaço e um tempo que

PREFÁCIO: JACK HALBERSTAM

é/está sempre aqui. Nosso objetivo – e aqui o "nós" é sempre o modo correto de expressão – não é pôr um termo aos problemas, mas pôr um termo ao mundo que criou esses problemas particulares como aqueles que devem ser enfrentados. Moten e Harney recusam a lógica que encena a recusa como inatividade, como a ausência de um plano e um modo de impedir a política séria. Moten e Harney nos ensinam a ouvir o ruído que produzimos e recusar as ofertas que recebemos para dar ao ruído a forma de "música".

No ensaio "A universidade e os sobcomuns", presente nesta edição e já conhecido por muitos leitores, Moten e Harney chegam perto de explicar sua missão. Recusando-se a ser contra ou a favor da universidade e, na verdade, demarcando o acadêmico crítico como o ator que justamente mantém em vigor a lógica do "contra ou a favor", Moten e Harney nos conduzem aos "sobcomuns do esclarecimento", onde os intelectuais subversivos se envolvem igualmente com a universidade e com a *fugitividade*: "onde o trabalho é levado a cabo, onde o trabalho é subvertido, onde a revolução ainda é negra, ainda é forte" [p. 29]. Aprendemos que intelectuais subversivos são pouco profissionais, não colegiais, são passionais e infiéis. Intelectuais subversivos não estão tentando ampliar nem mudar a universidade, intelectuais subversivos não estão labutando na miséria e, a partir da miséria, articulando um "antagonismo geral". Em verdade, intelectuais subversivos desfrutam da viagem e querem que ela seja mais rápida e selvagem; não querem um teto todo seu, querem estar no mundo, no mundo com os outros, e fazer o mundo de novo. Moten insiste:

> Como Deleuze, eu acredito no mundo e quero estar nele. Quero estar nele até o fim, porque acredito em um outro mundo no

mundo e quero estar *nele*. E pretendo manter a fé, como Curtis Mayfield. Mas isso está além de mim, e até além de mim e Stefano, está lá fora no mundo, na outra coisa, no outro mundo, no barulho animado dos últimos tempos, disperso, de improviso, na recusa dos sobcomuns à academia da miséria. [p. 136]

A missão dos habitantes dos sobcomuns, portanto, é reconhecer que, quando procuramos melhorar as coisas, não fazemos isso apenas para o Outro, devemos fazer também para nós mesmos. Embora os homens possam acreditar que estão sendo "sensíveis" tornando-se feministas, embora as pessoas brancas possam achar que estão sendo corretas opondo-se ao racismo, ninguém está pronto para abraçar a missão de "botar abaixo tudo isso" até se dar conta de que as estruturas a que elas se opõem não são nocivas apenas para alguns, elas são nocivas para todos. As hierarquias de gênero são tão nocivas para os homens quanto para as mulheres e são realmente nocivas para todo o restante. As hierarquias raciais não são racionais ou ordenadas; elas são caóticas e sem sentido e devem ser combatidas precisamente por todos aqueles que de algum modo se beneficiam delas. Ou, como diz Moten:

Veja, o problema da coalizão é que a coalizão não é algo que vem para que você possa me ajudar. É uma manobra que sempre volta para os próprios interesses de vocês. A coalizão vem do seu reconhecimento de que está uma merda para você, da mesma maneira que nós já reconhecemos que está uma merda para nós. Eu não preciso da sua ajuda. Só preciso que você reconheça que essa merda também está matando você, seu otário, ainda que muito mais suavemente, entendeu? [p. 166]

PREFÁCIO: JACK HALBERSTAM

A coalizão nos une no reconhecimento de que devemos mudar as coisas ou morrer. Todos nós. Devemos mudar tudo que está fodido e essa mudança não pode vir sob a forma daquilo que consideramos "revolucionário" – como uma exasperação masculinista ou um confronto armado. A revolução chegará sob uma forma que não podemos ainda nem imaginar. Moten e Harney propõem que nos preparemos desde já para aquilo que está por vir entrando em uma dinâmica de *estudo*. O estudo, um modo de pensar com os outros separado do pensar que a instituição exige de nós, nos prepara para sermos incorporados àquilo que Harney chama de "com e a favor" e nos permite passar menos tempo antagonizando e sendo antagonizados.

Como todos os encontros que constroem o mundo e abalam o mundo, quando você entra neste livro e aprende como ser com e a favor, em coalizão, em direção ao lugar que já estamos construindo, você também sente medo, trepidação, preocupação e desorientação. A desorientação, dirão Moten e Harney, não é apenas inconveniente: ela é necessária, porque assim você não estará mais em um lugar avançando para outro, mas já será parte do "movimento das coisas" e estará a caminho dessa "proscrita vida social de nada". O movimento das coisas pode ser sentido e tocado, existe na linguagem e na fantasia, é fuga, é movimento, é a própria fugitividade. A fugitividade não é apenas escape, "saída", como poderia dizer Paolo Virno, ou um "êxodo", nos termos oferecidos por Hardt e Negri. A fugitividade é estar separado do assentamento. É um estar em movimento que aprendeu que "organizações são obstáculos à nossa própria organização" (Comitê Invisível em *A insurreição que vem*) e que existem espaços e modalidades separados da lógica, da logística, do acolhido e do posicionado. Moten e Harney chamam isso de "estar junto no desamparo", que não idealiza nem metaforiza o desamparo. O desamparo é o estado de despossessão que almejamos e abraçamos.

> Será que esse estar junto no desamparo, essa interação com a recusa do que foi recusado, essa aposicionalidade sobcomum pode ser um lugar de onde emerge não a consciência própria ou o conhecimento do outro, mas uma improvisação que procede de algum lugar do outro lado de uma pergunta não articulada? [p. 110]

Penso que é a isso que Jay-Z e Kanye West (outra unidade colaborativa de estudo) se referem quando dizem que "não há igreja na selva" [*no church in the wild*].

Para Fred Moten e Stefano Harney, devemos fazer causa comum com aqueles desejos e (não) posições que parecem loucas ou inimagináveis: devemos, em nome desse alinhamento, recusar aquilo que inicialmente nos foi recusado e, nessa recusa, remoldar o desejo, reorientar a esperança, reimaginar a possibilidade e fazer isso separadamente das fantasias aninhadas nos direitos e na respeitabilidade. Ao invés disso, nossas fantasias devem vir daquilo que Moten e Harney, citando Frank B. Wilderson III, chamam de "porão": "E assim permanecemos no porão, na quebra, como se estivéssemos entrando, várias e várias vezes, no mundo quebrado, para traçarmos a companhia visionária e nos juntarmos a ela." [p. 107]. Aqui o porão é o porão do navio negreiro, mas é também o domínio que temos sobre a realidade e a fantasia, o domínio que eles têm sobre nós e o domínio de decidirmos renunciar ao outro, preferindo tocar, ser com, amar. Se não há igreja na selva, se há estudo, em vez de produção de conhecimento, se há um modo de estarmos juntos nos destroços, se há sobcomuns, devemos encontrar o nosso caminho. E não será onde

PREFÁCIO: JACK HALBERSTAM

vivem as feras indomáveis. Será um lugar onde o refúgio é desnecessário, e você descobrirá que sempre esteve nele.

Com amor,
J.

JACK HALBERSTAM (Inglaterra, 1961) é ativista e filósofo. Desde 2017 é professor titular do Departamento de Letras e do Instituto de Pesquisa sobre Mulheres, Gênero e Sexualidade da de Columbia University (Nova York). É autor de inúmeros ensaios, artigos e livros, inclusive *Masculinidade feminina* (Ubu Editora, no prelo), que marcou as discussões sobre gênero em 1988. Em 2024 recebeu a prestigiosa bolsa da fundação John Simon Guggenheim.

Para nosso mentor, Martin L. Kilson

1.
O CERCO
À POLÍTICA

Em sua clássica análise anti-imperialista do cinema hollywoodiano, Michael Parenti aponta que "as mídias do faz de conta" se valem de uma "inversão" para retratar o assentamento colonial. Em filmes como *Ao rufar dos tambores* (1939) e *Shaka Zulu* (1987), o assentador é retratado cercado de "nativos", invertendo, de acordo com a visão de Parenti, o papel do agressor para fazer o colonialismo parecer um ato de autodefesa. De fato, agressão e autodefesa estão invertidas nesses filmes, mas a imagem de um forte sob cerco não é falsa. Ao contrário, a imagem falsa emerge quando uma crítica à vida militarizada é baseada no esquecimento da vida que a rodeia.[1] O forte foi de fato cercado, é sitiado por aquilo que ainda o rodeia, o comum[2] além e abaixo – antes e antes do antes – do cerco. O entorno antagoniza o *laager*[3] situado em seu centro, ao mesmo tempo que perturba os fatos no terreno com um planejamento fora da lei.

---

1 Aqui os autores teorizam uma de suas ideias fundamentais, designada pelo termo "*surround*". Nesta tradução, lançamos mão de palavras diferentes para expressar o sentido que a palavra assumia a cada instância. Assim, termos como "cerco", "rodear", "entorno", "ao redor" correspondem ao conceito de *surround*, uma sociabilidade anterior à política, à força e à repressão que corresponde à resistência disruptiva dos sobcomuns e se opõe à colonização e ao cercamento capitalista. [N. T.]

2 O conceito de "*commons*" refere-se ao conjunto de bens comuns, materiais ou imateriais, mantidos, controlados e disponíveis a toda a comunidade, bem como às pessoas que produzem, gerem, habitam e utilizam esses recursos. Podendo estar ligado também ao "bem-estar comum" e a suas dimensões afetivas, os comuns se constituem como o "outro" da parceria público-privada. [N. T.]

3 "*Laager*" é o nome dado a um tipo de fortificação móvel formada por carroças e carros de guerra instalados ao redor de um acampamento colonial, servindo de bloqueio físico que protege esse de seu entorno. Enquanto tática de guerra, a instalação de "forte de carros" é uma prática descrita desde a antiguidade. No entanto, "*laager*" é um termo moderno, vindo do afrikaans,

Nossa tarefa é a autodefesa do entorno em face das seletivas e repetidas despossessões direcionadas pela incursão armada dos assentadores. E, embora seja a violência aquisitiva que ocasione essa autodefesa, o verdadeiro perigo é o recurso à autopossessão em face da despossessão (em outras palavras, o recurso à política). A política é um ataque contínuo ao comum – o antagonismo geral e generativo – de dentro do entorno.

Considere-se o Partido dos Panteras Negras para Autodefesa, os primeiros teóricos da revolução do entorno, do antes e antes do negro, do atual e do que está por vir. Seu compromisso duplo com a revolução e a autodefesa surgiu do reconhecimento de que a preservação da vida social negra se articula na e com a violência da inovação. Isso não é uma contradição se o novo, sempre exigindo a si mesmo, já vive ao redor e sob fortes, delegacias de polícia, *blitze* policiais e prisões. Os Panteras Negras teorizaram a revolução sem política, ou seja, a revolução sem sujeito e sem princípio de decisão. Contra a lei porque geravam a lei, praticavam um planejamento contínuo para serem possuídos, endividados de forma irremediável, otimista e incessante, entregando-se a um estudo inacabado e contrapontual da e na riqueza comum – a pobreza e a negridade do entorno.

A autodefesa da revolução é confrontada não apenas pela brutalidade mas também pela falsa imagem do cercamento. A dura materialidade do irreal nos convence de que estamos cercados, que devemos tomar posse de nós mesmos, corrigir a nós mesmos, permanecer em estado de emergência, como uma base permanente, decididos, determinados, protegendo nada além de um direito ilusório ao que não temos, que o assentador

---

e seu emprego se relaciona diretamente à migração de colonos de língua neerlandesa pelo interior da África do Sul a partir dos anos 1830. [N. T.]

1. O CERCO À POLÍTICA

toma para si como os comuns. Porém, no momento de debater o(s) direito(s), os comuns já desapareceram no movimento do e para o comum que o rodeia e rodeia também o seu cercamento. O que resta é a política, porém mesmo a política dos comuns, da resistência ao cercamento, só pode ser uma política dos fins, uma retidão que visa ao fim regulatório do comum. E mesmo quando a eleição ganha se revela perdida, e a bomba explode e/ou não explode, o comum persiste como uma espécie de alhures, aqui, ao redor, no solo, circundando fatos alucinógenos. Enquanto isso, a política avança, alegando defender aquilo que não cercou, cercando aquilo que não pode defender, mas que coloca em perigo.

O assentador, tendo se assentado na política, arma-se em nome da civilização, enquanto a crítica inicia a autodefesa daqueles dentre nós que enxergam a hostilidade na união civil da colonização e do cercamento. Dizemos com razão, se nosso olhar crítico for suficientemente aguçado, que é nefasto e pouco elegante ter um lugar ao sol nessa atmosfera fina e contaminada; que aquela casa que o xerife estava construindo fica no coração de uma zona de precipitação nuclear. E se nosso olhar levar a acuidade mais longe, podemos seguir o rastro da polícia para poder levá-la a julgamento. Depois de procurar a política para evitá-la, nós nos mudamos para perto uns dos outros, para estarmos lado a lado, porque gostamos da vida noturna, que não é vida boa coisa nenhuma. A crítica nos mostra que a política é radioativa, mas a política é a radiação da crítica. Portanto, importa saber quanto tempo temos para exercê-la, quanto tempo temos para nos expor aos efeitos letais de sua energia antissocial. A crítica põe em perigo a sociabilidade que ela supostamente defende, não porque se volta para dentro da política para prejudicá-la, mas porque se voltaria para a política e depois se voltaria para fora, da fortificação para o entorno, não fosse a preservação, que se dá na celebração daquilo que defendemos, a força sociopoética que nos envolve por sermos pobres. Botar abaixo nossa crítica, nossas próprias posições, nossas fortificações, é autodefesa aliada a autopreservação. Essa derrubada vem em movimento, como um xaile, a armadura da fuga. Corremos à procura de uma arma e continuamos a correr procurando largá-la. E podemos abandoná-la, porque por mais armado que esteja, por mais difícil que seja, o inimigo que enfrentamos também é ilusório.

Uma devoção incondicional à crítica dessa ilusão nos torna delirantes. Na artimanha da política somos insuficientes, escassos, esperando em bolsões de resistência, em escadarias, em becos, em vão. A falsa imagem e sua crítica ameaçam o comum com a democracia, que está sempre por vir, para que no dia certo, que nunca está por vir, sejamos mais do que aquilo que somos. Mas nós já somos. Já estamos aqui, em movimento. Já estivemos por aí. Somos mais do que políticos, mais do que assentados, mais do que democratas. Contornamos a falsa imagem da democracia para desassentá-la. Cada vez que ela tenta nos encerrar em uma decisão, ficamos indecisos. Cada vez que ela tenta representar nossa vontade, não estamos dispostos. Cada vez que ela tenta criar raízes, já partimos (porque já estamos aqui, em movimento). Perguntamos, contamos e lançamos o feitiço sob o qual estamos, que nos diz o que devemos fazer e como devemos nos mover, aqui, onde dançamos a guerra da aposição. Estamos em um transe que está sob e ao nosso redor. Passamos através dele e ele se move conosco, para além dos assentamentos coloniais, para além da reconstrução, onde a noite negra cai, onde odiamos estar sozinhos, voltar para dentro para dormir até de manhã, beber até de manhã, planejar até de manhã, como o abraço comum, dentro e ao redor, no entorno.

1. O CERCO À POLÍTICA

À luz clara e crítica do dia, administradores ilusórios sussurram sobre a nossa necessidade de instituições. Todas as instituições são políticas, toda política é correcional, logo é como se precisássemos de instituições correcionais no comum para assentá-lo, para corrigir-nos. Porém não nos deixaremos corrigir. Além disso, incorretos como somos, não há nada de errado conosco. Não queremos estar corretos e não seremos corrigidos. A política se propõe a nos tornar melhores, mas já éramos bons na dívida mútua que nunca poderá ser paga. Devemos uns aos outros a falsificação da instituição, a incorreção da política, a mentira da nossa própria determinação. Devemos uns aos outros o indeterminado. Devemos tudo uns aos outros.

Abdicar da responsabilidade política? Sim, como quiser. Já somos antipoliticamente românticos acerca da vida social realmente existente. Não somos responsáveis pela política. Somos o antagonismo geral à política que surge por trás de cada tentativa de politização, de cada imposição de autogoverno, de cada decisão soberana e de sua miniatura degradada, de cada Estado emergente e do lar doce lar. Somos ruptura e consentimos com ela. Preservamos a agitação. Enviados para realizar abolindo, renovar perturbando, abrir o recinto cuja imensurável venalidade é inversamente proporcional à sua área efetiva, temos o cerco à política. Não podemos representar a nós próprios. Não podemos ser representados.

2.
A UNIVERSIDADE E OS SOBCOMUNS

A filosofia, portanto, pratica tradicionalmente uma crítica do conhecimento que é, ao mesmo tempo, uma negação do conhecimento (isto é, da luta de classes). Sua posição pode ser descrita como uma ironia em relação ao conhecimento, que ela põe em dúvida sem nunca tocar em seus fundamentos. O questionamento do conhecimento na filosofia sempre termina em sua restauração: um movimento que os grandes filósofos notam consistentemente uns nos outros.

JACQUES RANCIÈRE, "Sur la Théorie de l'idéologie: Politique d'Althusser"

Sou um homem negro, primeiro porque sou contra aquilo que fizeram e ainda fazem conosco; e, segundo, tenho algo a dizer sobre a nova sociedade a ser construída, porque tenho uma participação tremenda naquilo que eles tentaram desacreditar.

C. L. R. JAMES, *C. L. R. James: His Life and Work*

HOJE A ÚNICA RELAÇÃO POSSÍVEL COM A UNIVERSIDADE É UMA RELAÇÃO CRIMINOSA

"Voltarei à universidade, e lá roubarei", para usar a frase de Pistol ao fim de *Henrique V*, como ele certamente usaria alguma nossa. Essa é a única relação possível com a universidade estadunidense hoje.[1] Talvez possa ser verdadeiro para qualquer

---

1 Este capítulo tece uma crítica à universidade estadunidense, em particular, e à missão universitária como prática iluminista, em geral. Harney e Moten escrevem na esteira da crise dos bancos de investimento ocorrida em 2008 e das consequentes manifestações do Occupy Wall Street em 2011. Os autores se referem à crescente neoliberalização da universidade

universidade. Talvez seja verdadeiro para a universidade em geral. Mas, certamente, é verdadeiro nos Estados Unidos: não se pode negar que a universidade é um lugar de refúgio e não se pode aceitar que a universidade seja um lugar de esclarecimento. Diante dessas condições, podemos somente entrar sorrateiramente na universidade e roubar o que pudermos. Abusar de sua hospitalidade, contrariar sua missão, nos juntar à sua colônia de refugiados, ao seu acampamento cigano, estar lá dentro e não ser parte – esse é o caminho do intelectual subversivo na universidade moderna.

—

estadunidense, cujo marco é a década de 1970, quando o então governador da Califórnia Ronald Reagan impôs *tuition* (ou mensalidades) na universidade pública estadual – que até ali havia sido gratuita –, cortou dramaticamente o financiamento do ensino superior e reprimiu violentamente os protestos estudantis contra a guerra do Vietnã. A partir de então, as reformas de Reagan se tornaram modelo para todas as universidades públicas do país. Para compensar a diminuição de verbas, universidades priorizaram a geração de receita e tornaram-se cada vez mais dependentes de fontes de financiamento privadas, submetendo a missão da universidade, seu currículo e sua gestão a lógicas de mercado. Hoje, nenhuma delas é gratuita, ao contrário, são administradas como negócios, tendo como regentes muitas vezes empresários sem experiência em educação e afastando os professores de cargos decisórios. Como consequência, a universidade foca seu investimento em atividades que são vistas como lucrativas (como as ciências aplicadas, cuja patente é de propriedade da universidade) em detrimento das artes liberais, cujo ensino é cada vez mais relegado a professores adjuntos (temporários). Além disso, as admissões nas universidades são priorizadas para alunos pagantes, com drásticas diminuições em bolsas e incentivos públicos, tornando o estudante um cliente da universidade, estimulado a tomar decisões informadas pelo mercado. Os empréstimos que os alunos têm de fazer para frequentar a universidade são tão grandes que causaram uma crise de renda da classe média estadunidense, por isso a ênfase do capítulo na ideia de dívida (*debt*), conectando a dívida dos comuns com a dívida financeira da classe trabalhadora. [N. T.]

2. A UNIVERSIDADE E OS SOBCOMUNS

Preocupem-se com a universidade. Essa é a injunção nos Estados Unidos hoje, uma injunção com uma longa história. Exijam sua restauração, como Harold Bloom, Stanley Fish ou Gerald Graff. Exijam sua reforma, como Derek Bok, Bill Readings ou Cary Nelson. Exijam dela tanto quanto ela exige de vocês. Mas, para a intelectual subversiva, tudo isso se passa lá no piso superior, entre gente bem-comportada, entre homens racionais. Afinal, a intelectual subversiva veio sob falsos pretextos, com documentação errada, por amor. Seu trabalho é tão necessário quanto indesejado. A universidade precisa daquilo que ela carrega, mas não pode lidar com aquilo que ela traz. Ao fim de tudo, ela desaparece. Desaparece no subterrâneo, nas entranhas da comunidade *maroon*[2] da universidade, nos *sobcomuns do esclarecimento*, onde o trabalho é levado a cabo, onde o trabalho é subvertido, onde a revolução ainda é negra, ainda é forte.

Que trabalho é esse e qual sua capacidade social de reproduzir a universidade e ao mesmo tempo produzir a fugitividade? Se disséssemos ensinar, estaríamos fazendo o trabalho da universidade. Ensinar é somente uma profissão e uma operação do ciclo onto- e autoenciclopédico do estado[3] que Jacques Derrida denominou

---

2 A prática de *marronnage*, em muitos aspectos similar à quilombagem, ao quilombismo ou ao aquilombamento (cf. obras de Abdias do Nascimento, Beatriz Nascimento e Clóvis Moura), se refere à formação de comunidades autônomas por africanos e afrodescendentes fugitivos da escravidão nas Américas, conhecidos como *marrons* no Caribe francófono e *maroons* nas antigas colônias britânicas. [N. E.]

3 Neste capítulo, preservamos a distinção que os autores fazem entre "*State*" e "*state*", traduzindo como "Estado" e "estado", respectivamente. "Estado" (*State*) foi usado aqui para se referir à noção deles de "Estado como esclarecimento". Já "estado" (*state*) refere-se a entidade política e administrativa de um território, que ao longo dos outros capítulos mantivemos como "Estado", como é de praxe. [N. E.]

Universitas. Mas é útil invocar essa operação para vislumbrar o buraco na cerca por onde entra a mão de obra, para vislumbrar o escritório de recrutamento e seus alojamentos. A universidade precisa do trabalho docente, apesar de si mesma, ou enquanto ela mesma, idêntica a si mesma e, portanto, rasurada por ela mesma. Não é a docência que detém essa capacidade social, mas algo que produz o outro lado, não visível, da docência, um pensar através da superfície da docência que aponta para uma orientação coletiva na direção do objeto de conhecimento como um projeto de futuro e um compromisso com aquilo que queremos chamar de organização profética. Mas é o ensino que nos traz até aqui. Antes de haver bolsas, pesquisas, conferências, livros e revistas, há a experiência de ser ensinado e de ensinar. Antes do posto de pesquisador sem docência, dos alunos de pós-graduação corrigindo exames, da sucessão de licenças sabáticas, da redução permanente de carga letiva, da nomeação para a direção do Centro, da passagem da pedagogia para uma disciplina chamada educação, antes do curso concebido para ser um novo livro, o ensino aconteceu.

O momento de ensinar para ter o que comer é frequentemente confundido com uma mera etapa, como se eventualmente pudéssemos não ter de ensinar para ter o que comer. Se essa etapa persiste, temos uma patologia social na universidade. Mas se o ensino é transmitido com sucesso, a etapa é superada e o ensino é encaminhado àqueles que são conhecidos por permanecer nessa etapa, no trabalho sociopatológico da universidade. De modo interessante, Kant chama essa etapa de "minoria autoincorrida", tentando contrastá-la com o fato de ter "a determinação e a coragem de usar a própria inteligência sem ser guiado por outra pessoa". "Ter a coragem de usar a própria inteligência." Mas o que isso significaria se o ensino, ou melhor, aquilo que poderíamos denominar "o além do ensino", fosse precisamente aquilo

2. A UNIVERSIDADE E OS SOBCOMUNS

que se pede que se ultrapasse e deixasse de ser tomado como fonte de sustento? E o que dizer daquelas minorias que recusam, a tribo das toupeiras que não voltarão do além (o que está além do "além do ensino"), como se não fossem sujeitos, como se quisessem pensar como objetos, como minoria? É certo que os sujeitos perfeitos da comunicação, os que conseguem ir além do ensino, verão essas minorias como um desperdício. Porém seu trabalho coletivo sempre questionará quem realmente está recebendo as ordens do esclarecimento. O desperdício aguarda ansiosamente por esses momentos além do ensino, quando se solta a linda e inesperada frase – inesperada, pois ninguém a pediu, linda, porque nunca mais se repetirá. Será que ser o biopoder do esclarecimento é realmente melhor do que isso?

Talvez o biopoder do esclarecimento saiba disso, ou talvez apenas reaja à objetividade desse trabalho, como era de se esperar. Mas ainda que dependa do trabalho dessas toupeiras, desses refugiados, ele os qualifica de não colegiais, pouco práticos, ingênuos e pouco profissionais. Então lhes dão uma última chance para serem pragmáticos – por que roubar quando se pode ter tudo, eles vão se perguntar. Mas se alguém se esconde dessa interpelação, nem concordando nem discordando e, sim, mergulhando fundo no subterrâneo da universidade, nos sobcomuns, esse ato não deixará de ser visto como um roubo, como um ato criminoso. E esse ato, ao mesmo tempo, é o único ato possível.

Nos sobcomuns da universidade podemos enxergar que a questão não é sobre ensinar *versus* pesquisar. Adentrar esse espaço é habitar a estilhaçante e extasiante revelação dos comuns que o esclarecimento fugitivo encena, os criminosos, os matricidas, os queer, na caixa d'água, no rolê da vida roubada, a vida roubada pelo esclarecimento e de pronto retomada, lá onde os comuns se refugiam, onde o refúgio nos devolve aos comuns. O que está além do ensino, de fato, é não se tornar um ser acabado, não passar, não completar; trata-se de permitir que a subjetividade seja ilegitimamente superada por outras, uma paixão e uma passividade tão radicais que nos torna impróprios para a sujeição, posto que não possuímos o tipo de agência capaz de assegurar as forças regulatórias da subjetividade, e não podemos iniciar o impulso autointerpelativo que a sujeição do biopoder exige e recompensa. Não é tanto o processo de ensino, senão a profecia na organização do ato mesmo de ensinar. A profecia que prevê sua própria organização e que, por isso, foi aceita como comum; a profecia que excede sua própria organização e, portanto, até agora só pode ser organizada. Contra a organização profética dos sobcomuns está o próprio trabalho anestesiante dedicado à universidade e, além disso, a profissionalização negligente e a profissionalização do acadêmico crítico. O sobcomum é, portanto, sempre um quarteirão perigoso.

Como recorda Fredric Jameson, a universidade depende dessa "crítica de tipo esclarecido e da desmistificação das crenças e das ideologias empenhadas para abrir espaço para o planejamento e o 'desenvolvimento' sem entraves". Essa é a fraqueza da universidade, o lapso na sua segurança interna. É claro que ela precisa da força de trabalho para levar a cabo tal crítica esclarecida, mas por algum motivo o trabalho sempre lhe escapa.

Os sujeitos prematuros dos sobcomuns levaram o chamado a sério, ou precisaram ser sérios em relação ao chamado. Eles não tinham um planejamento claro, eram muito místicos e cheios de crenças. E, no entanto, essa força de trabalho não reproduz a si mesma, precisa ser reproduzida. A universidade trabalha para que um dia possa, assim como o capital em geral, se livrar do problema do trabalho. Só então será capaz de reproduzir uma força

2. A UNIVERSIDADE E OS SOBCOMUNS

de trabalho que compreenda a si mesma não só como desnecessária, mas também como perigosa para o desenvolvimento do capitalismo. Grande parte da pedagogia e muitos estudos especializados caminham nessa direção atualmente. Os estudantes precisam ver a si mesmos como o problema, o que, ao contrário das acusações dos críticos restauracionistas da universidade, é precisamente o que significa ser cliente, assumir o fardo da realização e ser sempre necessariamente inadequado a ela. Mais tarde, esses estudantes serão capazes de ver a si mesmos como obstáculos à sociedade ou, quem sabe, com a aprendizagem ao longo da vida, retornarão à universidade após terem se diagnosticado como o verdadeiro problema.

Assim, o sonho de um trabalho indiferenciado, que reconhece a si mesmo como supérfluo, é interrompido justamente pelo trabalho de remover as barreiras ardentes da ideologia. Por mais que seja preferível que essa função policial esteja nas mãos de poucos, ela ainda levanta a questão do trabalho como diferença, o trabalho como desenvolvimento de outro trabalho e, portanto, o trabalho como fonte de riqueza. Embora a crítica de tipo esclarecida, como sugerimos abaixo, informe e beije a face de qualquer desenvolvimento autônomo resultante dessa diferença no trabalho, há um buraco na parede, um ponto raso no rio, um local de aterrissagem sob as pedras. A universidade precisa desse trabalho clandestino para preparar sua força de trabalho indiferenciado, cujas tendências cada vez mais especializantes e gerencialistas, novamente contra os restauracionistas, representam precisamente a integração bem-sucedida da divisão do trabalho com o universo da troca que comanda a lealdade restauracionista.

Introduzir esse trabalho sobre o trabalho e fornecer espaço para o seu desenvolvimento gera riscos. Assim como a polícia colonial recrutada involuntariamente nos bairros guerrilheiros, o trabalho universitário pode abrigar refugiados, fugitivos, renegados e náufragos. Mas há boas razões para a universidade estar confiante de que tais elementos serão delatados ou obrigados a passar à clandestinidade. Quanto a isso, precauções foram tomadas: listas de leituras obrigatórias, avaliações dos métodos de ensino, convites para fazer parte disso ou daquilo. E, no entanto, contra todas essas precauções encontra-se a imanência da transcendência, a necessária desregulamentação e as possibilidades de criminalidade e fugitividade que o trabalho sobre o trabalho exige. As comunidades *maroons* de professores de redação, alunos de pós-graduação sem orientadores, historiadores marxistas em trabalhos temporários, professores de administração queer ou fora do armário, departamentos de estudos étnicos nas universidades estaduais, programas de cinema fechados, estudantes iemenitas com visto vencido editando jornais estudantis, sociólogos de universidades historicamente negras e engenheiras feministas. O que a universidade dirá sobre eles? Que não são profissionais. Essa não é uma acusação arbitrária. É uma acusação que ultrapassa o profissional. Como é que essas pessoas que excedem a profissão, que escapam dela ao excedê--la, como é que esses *maroons* problematizam a si mesmos, problematizam a universidade, obrigando-a a considerá-los um problema, um perigo? Os sobcomuns não são uma dessas comunidades fantasiosas e cheias de caprichos que Bill Readings invoca no fim de seu livro. Os sobcomuns, seus *maroons*, estão sempre em guerra, são sempre clandestinos.

2. A UNIVERSIDADE E OS SOBCOMUNS

NÃO HÁ DIFERENÇA ALGUMA ENTRE A UNIVERSIDADE ESTADUNIDENSE E A PROFISSIONALIZAÇÃO

Mas se podemos escrever algo sobre a superfície da universidade, se podemos escrever na universidade, por exemplo, sobre singularidades – aqueles eventos que recusam a categoria abstrata ou individual do sujeito burguês –, não podemos dizer que não há espaço na universidade em si, certo? Sem dúvida deve haver algum espaço aqui para uma teoria, uma conferência, um livro, uma escola de pensamento? É claro que a universidade possibilita o pensamento, né? O propósito da universidade enquanto *Universitas*, enquanto artes liberais, não é tornar os comuns, o público, a nação uma cidadania democrática? Não é importante então proteger essa *Universitas*, apesar de suas impurezas, da profissionalização na universidade? Mas poderíamos nos perguntar: o que já não é possível nessas conversas de corredor – entre os prédios, nas salas da universidade – acerca da possibilidade? Como o pensamento do lado de fora, no sentido dado por Gayatri Spivak, já não se mostra possível nessa reclamação?

Os *maroons* conhecem algo sobre a possibilidade. Eles são a condição de possibilidade da produção do conhecimento na universidade – as singularidades contra os escritores da singularidade, os escritores que escrevem, publicam, viajam e falam. Não se trata apenas do trabalho secreto sobre o qual tal espaço é erguido, apesar de, é claro, tal espaço ser erguido por e sobre o trabalho coletivo. É que, antes, ser um crítico da academia na universidade é ser contra a universidade, e ser contra a universidade implica reconhecê-la e ser reconhecido por ela, significa instituir a negligência desse lado de fora interno, desse subterrâneo inassimilável, uma negligência que é justamente, insistimos, a base das profissões. Esse ato de ser sempre contra já exclui os modos de política irreconhecíveis, o além – já em movimento – da política, a desacreditada paraorganização criminosa, aquela à qual Robin Kelley poderia se referir como o campo infrapolítico (e sua música). Não é só o trabalho dos *maroons*, mas é também sua organização profética que é negada pela ideia de espaço intelectual dentro da organização chamada universidade. É por isso que a negligência do acadêmico crítico é sempre ao mesmo tempo uma asserção do individualismo burguês.

Tal negligência é a essência da profissionalização, pois a profissionalização não é o oposto da negligência, mas seu modo de fazer política nos Estados Unidos. Ela toma a forma de uma escolha que exclui a organização profética dos sobcomuns: ser contra, pôr em questão o objeto de conhecimento, nesse caso, digamos, a própria universidade, não tanto sem tocar em seu fundamento, mas sem tocar em sua própria condição de possibilidade, sem admitir os sobcomuns e sem ser admitidos por eles. Nesse contexto, a única posição coerente é uma negligência geral da condição. Não se trata tanto de um antifundacionalismo ou de um fundacionalismo, posto que ambos são utilizados para evitar qualquer contato com os sobcomuns. Esse ato sempre negligente é o que nos leva a dizer que não há distinção alguma entre a universidade nos Estados Unidos e a profissionalização. Não adianta tentar opor a universidade à sua profissionalização. Elas são uma coisa só. Ainda assim, os *maroons* se recusam a recusar a profissionalização, isto é, a ser contra a universidade. A universidade não reconhecerá essa indecisão, e a profissionalização é moldada precisamente por aquilo que não pode reconhecer, seu antagonismo interno, seu trabalho desobediente, seu excedente. Contra esse trabalho

2. A UNIVERSIDADE E OS SOBCOMUNS

desobediente, ela envia a crítica, lança a afirmação de que o que resta além da crítica é desperdício.

Mas, na verdade, a educação crítica visa apenas aperfeiçoar a educação profissional. As profissões constituem elas mesmas uma oposição ao não regulamentado e ao ignorante, sem reconhecer o trabalho não regulamentado, ignorante e antiprofissional que acontece não contra elas, mas dentro delas. Mas se alguma vez a educação profissional cometer um deslize em seu trabalho, revelar sua condição de possibilidade às profissões que ela apoia e reconstitui, a educação crítica estará lá para estender uma mão e dizer que não há motivo para preocupação – foi apenas um pesadelo, são os delírios e sonhos dos loucos. Isso porque a educação crítica existe precisamente para dizer à educação profissional que ela deve repensar sua relação com seu oposto – e por educação crítica devemos entender tanto ela própria como o trabalho não regulamentado, contra o qual ela é empregada. Em outras palavras, a educação crítica vem para apoiar qualquer negligência vacilante, para estar vigilante em sua negligência, para estar criticamente implicada em sua negligência. Assim, ela é mais que uma aliada da educação profissional, é seu verdadeiro complemento.

A educação profissional tornou-se uma educação crítica. Mas não se deve aplaudir esse fato. Ao contrário, deve-se tomá-lo pelo que é, não como progresso nas escolas profissionais, não como coabitação com a *Universitas*, mas sim como contrainsurgência, terrorismo refundador da lei, que vem pelos desacreditados, pelos que se recusam a descartar ou advertir sobre os sobcomuns.

A *Universitas* é sempre uma estratégia de estado/Estado. Talvez seja surpreendente dizer que a profissionalização – que reproduz as profissões – é uma estratégia de estado. Certamente, os profissionais da crítica acadêmica tendem a ser resguardados, dado que atualmente são considerados profissionais inofensivos, maleáveis, quem sabe capazes de uma intervenção modesta na chamada esfera pública. Todavia, para observar como a presença do estado é subestimada, podemos recorrer a uma má interpretação de uma reflexão de Derrida a respeito do informe de Hegel ao ministro da Educação da Prússia em 1822. Derrida nota o modo como Hegel rivaliza com o estado em sua ambição pela educação, desejando estabelecer uma pedagogia progressista da filosofia concebida para apoiar a visão hegeliana do mundo, que se desdobre como enciclopédia. Essa ambição tanto reflete a ambição do estado, pois este também quer controlar a educação e impor sua visão de mundo, como a ameaça, pois o Estado de Hegel excede e, assim, localiza o estado prussiano, expondo sua pretensão enciclopédica. Derrida chega à seguinte conclusão com base em sua leitura: a *Universitas*, como ele generaliza a universidade (mas também a especifica como propriamente intelectual e não apenas profissional), sempre tem o impulso do Estado, ou esclarecimento, e o impulso do estado, ou suas condições específicas de produção e reprodução. Ambos têm a ambição de ser, como diz Derrida, onto- e autoenciclopédicos. O resultado é que estar a favor ou contra a *Universitas* é problemático. Ser a favor da *Universitas* é apoiar esse projeto onto- e autoenciclopédico do Estado como esclarecimento, ou do esclarecimento como totalidade, para utilizar uma palavra fora de moda. Ser muito contra a *Universitas*, porém, cria o perigo de que elementos específicos no estado intervenham para se livrar da contradição do projeto onto- e autoenciclopédico da *Universitas* e trocá-lo por uma outra forma de reprodução social, o antiesclarecimento – a posição, por exemplo, do New Labour na Grã-Bretanha e dos estados de Nova York e Califórnia com

2. A UNIVERSIDADE E OS SOBCOMUNS

suas "instituições de ensino". Mas uma má leitura de Derrida nos levará de novo à pergunta: o que se perde nessa indecidibilidade? Qual é o preço de recusar apoiar a *Universitas* ou a profissionalização, de ser crítico a ambas, e quem paga esse preço? Quem permite chegar à aporia dessa leitura? Quem trabalha no excesso prematuro da totalidade, no ainda-não da negligência?

O modo de profissionalização da universidade estadunidense é precisamente voltado à promoção dessa escolha consensual: uma crítica antifundacional da Universidade ou uma crítica fundacional da universidade. Mesmo tomadas como escolhas, ou apostas, atenuadas uma pela outra, elas serão sempre negligentes. A profissionalização é construída sobre essa escolha. Ela se estende à ética, à eficiência, à responsabilidade, à ciência e a muitas outras escolhas, todas construídas com base no roubo, na conquista, na negligência da intelectualidade da massa marginal dos sobcomuns.

Por essas razões seria insensato pensar na profissionalização como um estreitamento. Seria melhor pensá-la como um círculo, um cerco de carros de guerra em torno do último acampamento de mulheres e crianças indígenas. Pensemos sobre como os médicos e os advogados estadunidenses se consideram instruídos, incluídos no círculo da enciclopédia do estado, embora talvez não saibam nada de filosofia ou história. O que estaria do lado de fora desse ato do círculo de conquista, que tipo de mundo espectralmente trabalhado escapa do ato cíclico, um ato como uma espécie de fenomenologia destroçada na qual os parênteses nunca são removidos e o que é experienciado como conhecimento é apenas o horizonte do conhecimento absoluto, termo que é banido pelo banimento do absoluto? Esse horizonte é simplesmente um horizonte que não se dá o trabalho de fazer a si mesmo possível. Não surpreende que, independentemente de suas origens ou possibilidades, são as teorias do pragmatismo nos Estados Unidos e o realismo crítico na Grã-Bretanha que comandam a lealdade dos intelectuais críticos. Não tendo nunca de confrontar a fundação, não tendo nunca de confrontar a antifundação em razão da fé na fundação não contrariada, os intelectuais críticos podem pairar no meio-termo. Essas lealdades banem a dialética e seu interesse inconveniente em afastar o mais longe possível o material e o abstrato, a mesa e seu cérebro, uma conduta obviamente antiprofissional.

A PROFISSIONALIZAÇÃO É A PRIVATIZAÇÃO DO INDIVÍDUO SOCIAL PELA NEGLIGÊNCIA

De fato, a profissionalização traz consigo os benefícios da competência. Pode ser que o círculo onto- e autoenciclopédico da universidade seja algo particular dos Estados Unidos, mas não seria possível levar algo desse conhecimento para questões práticas? Ou, melhor ainda, não seria possível se lançar em projetos críticos dentro de seus próprios pressupostos, projetos que orientariam suas competências para finalidades mais radicais? Diríamos que não, não seria. E, dizendo isso, já nos preparamos para nos separar dos acadêmicos críticos estadunidenses, para nos tornar indignos, desleais à esfera pública, para sermos obstrutivos e indolentes, imbecis e insolentes ante o apelo ao pensamento crítico.

Deixem-nos agir de maneira desleal, por exemplo, no campo da administração pública, em especial nos programas de mestrado em administração pública, inclusive nos programas correspondentes em saúde pública, gestão ambiental, gestão de artes e organizações sem fins lucrativos, assim como no amplo cardápio de cursos em serviços humanos, certificados, diplomas e graduações que sustentam esse grupo disciplinar. Difícil é não sentir que esses programas existem contra eles mesmos, que eles se desprezam. (Embora se constate mais tarde que, como em toda profissionalização, é a negligência subjacente que perturba a superfície da força de trabalho.) Uma aula padrão na Robert F. Wagner Graduate School of Public Service da New York University, por exemplo, pode ser mais antiestatista, mais cética em relação ao governo, mais modesta em seus objetivos de diretivas sociais do que a média dos cursos oferecidos nos departamentos de economia declaradamente neoclássica ou de ciências políticas da nova direita nessa mesma universidade. Não seria muito diferente na Syracuse University ou numa dúzia de outras prestigiosas escolas de administração pública. Poderíamos dizer que o ceticismo é parte importante da formação superior, mas esse ceticismo particular não é fundado no estudo minucioso do objeto em questão. Na verdade, não existe teoria do estado nos programas de administração pública dos Estados Unidos. Ao contrário, o estado é considerado o diabo proverbial que todos conhecemos. E quer ele seja compreendido na administração pública como um mal necessário ou como um bem de utilidade e disponibilidade limitadas, ele é sempre inteiramente cognoscível como objeto. Assim, não é tanto que esses programas se opõem a si mesmos. É antes que eles se opõem a certos estudantes, em particular aos que chegam à administração pública com o senso daquilo que Derrida chamou de dever além do dever, ou paixão.

Ser cético em relação àquilo que já se conhece é, como se pode supor, uma posição absurda. Se alguém é cético em relação a um objeto, então é porque já está na posição de não conhecer esse objeto, e se alguém afirma conhecer o objeto, não pode alegar também ser cético em relação a esse objeto, o que equivale a ser cético de sua própria afirmação. Porém essa é a posição da profissionalização, e é a essa posição com a qual se depara o estudante que, embora isto seja raro, chega à administração pública com uma paixão. Qualquer intento de paixão, de sair do ceticismo em relação ao já conhecido para entrar numa confrontação inadequada contra o que o excede e contra si mesmo, deve ser suprimida pela profissionalização. Não é uma questão meramente de administrar o mundo, mas de administrar o mundo até ele desaparecer (e, com ele, a profecia). Qualquer outra disposição é não só antiprofissional, mas incompetente, antiética e irresponsável, beirando o criminoso. Mais uma vez, a disciplina da administração pública é particularmente, embora não exclusivamente, instrutiva, tanto em sua pedagogia como em sua erudição, e oferece a possibilidade de ser desleal, de esmagar e agarrar o que ela comporta.

A administração pública detém a ideia, tanto nas salas de aula como nas revistas profissionais, de que suas categorias são cognoscíveis. O estado, a economia e a sociedade civil podem mudar de tamanho ou forma, o trabalho pode entrar ou sair, e a consideração ética pode variar, mas esses objetos são tão positivistas quanto normativos, existindo em arranjos espaciais discretos um em relação aos outros. A profissionalização começa pela aceitação dessas categorias, exatamente para que a competência possa ser invocada, uma competência que, ao mesmo tempo, protege suas próprias fundações (como Michael Dukakis andando de tanque de guerra, fazendo o patrulhamento espectral de seu bairro vazio). Essa responsabilidade pela preservação dos objetos torna-se exatamente aquela ética weberiana *site-specific* que tem o efeito, como reconheceu Theodor Adorno, de naturalizar a produção dos locais capi-

2. A UNIVERSIDADE E OS SOBCOMUNS

talistas. Questioná-los, portanto, torna-se não só uma ação incompetente e antiética, mas também a implementação de uma falha de segurança.

Por exemplo, se quiséssemos explorar a possibilidade de a administração pública ser mais bem definida como o inexorável trabalho de privatização da sociedade capitalista, teríamos uma série de insights pouco profissionais. Isso poderia ajudar a explicar a inaptidão das três principais linhas de estudo da administração pública nos Estados Unidos. A linha do etos público, representada por projetos como a refundação da administração pública e pela revista *Administration and Society*; a linha da competência pública, representada pelo debate entre a administração pública e a nova gestão pública e pela revista *Public Administration Review*; e a linha crítica, representada pela Public Administration Theory Network (PAT-NET) e por sua revista *Administrative Theory & Praxis*. Se a administração pública é a capacidade ou competência para confrontar a socialização continuamente gerada pelo capitalismo, tirar vantagem o máximo possível dessa socialização e reduzi-la a algo chamado público ou a algo chamado privado, logo todas as três posições acadêmicas se tornam imediatamente inválidas. Não é possível falar de um trabalho dedicado à reprodução da despossessão social como sendo dotado de uma dimensão ética. Não é possível decidir a eficiência ou o alcance de tal trabalho após o gasto realizado nessa operação, examinando-a após ter reproduzido algo chamado público ou algo chamado privado. E não é possível ser crítico e ao mesmo tempo aceitar acriticamente a fundação do pensamento da administração pública nessas esferas do público e do privado, negando o trabalho que há por trás dessas categorias, nos sobcomuns, por exemplo, da república das mulheres que dirigem o Brooklyn.

Mas esse é um exemplo pouco profissional. Ele preserva as regras e respeita os termos do debate, entra na comunidade de fala, conhecendo e habitando seus objetos fundacionais (inatingíveis). Também é um exemplo incompetente. Não se deixa mensurar, aplicar e aprimorar, exceto quando apresenta lacunas. E é um exemplo antiético. Sugere a total dominância de uma categoria sobre outra – isso não é fascismo ou comunismo? Por último, é um exemplo apaixonado, repleto de profecias, não de provas; um exemplo ruim de um argumento fraco que não tenta se defender, entregue a uma espécie de sacrifício da comunidade profissional que emana dos sobcomuns. Tal é a opinião negligente dos profissionais acadêmicos da administração pública.

Além disso, qual é a conexão entre essa profissionalização enquanto onto- e autoenciclopédia dos Estados Unidos e a difusão da profissionalização para além da universidade, ou talvez a difusão da universidade para além da universidade, e com as colônias dos sobcomuns? Uma certa revolta na qual esbarra a profissionalização – quando o cuidado do social é confrontado com a sua reação, a negligência forçada –, uma revolta irrompe e o profissional parece um absurdo, como uma tenda de recrutamento no meio de um festival: serviços profissionais, serviços profissionais personalizados, assine a versão *pro* para pagar pela universidade. É no momento da revolta que a profissionalização mostra sua missão desesperada, nada menos do que converter o indivíduo social. Exceto, talvez, por algo mais, o objetivo último de toda contrainsurgência em qualquer lugar: transformar os insurgentes em agentes do estado.

2. A UNIVERSIDADE E OS SOBCOMUNS

OS ACADÊMICOS CRÍTICOS SÃO OS PROFISSIONAIS *PAR EXCELLENCE*

O acadêmico crítico questiona a universidade, questiona o estado, questiona a arte, a política, a cultura. Nos sobcomuns, porém, as perguntas não são condições. Aqui isso é incondicional: a porta se abre para dar refúgio, ainda que isso possa deixar entrar agentes da polícia e da destruição. As perguntas são supérfluas nos sobcomuns. Se você não sabe, por que pergunta? A única pergunta que fica na superfície é: o que significa ser crítico quando o profissional se define como alguém que critica a negligência, quando na verdade a negligência define a profissionalização? Isso não significa que ser crítico da universidade faz de alguém o profissional *par excellence*, mais negligente que qualquer outro? Distanciar-se profissionalmente por meio da crítica não é o consentimento mais ativo à privatização do indivíduo social? Os sobcomuns deveriam ser entendidos, por contraste, como desconfiados da crítica, cansados dela e ao mesmo tempo dedicados à coletividade de seu futuro, a coletividade que pode vir a ser seu futuro. Os sobcomuns, em alguns casos, tentam escapar da crítica e de sua degradação enquanto consciência universitária e autoconsciência da consciência universitária, retirando-se, como diz Adrian Piper, para o mundo exterior.

Essa comunidade *maroon*, se ela existe, portanto, também busca escapar do decreto do fim do homem. O exército soberano de anti-humanismo acadêmico perseguirá essa comunidade negativa nos sobcomuns, tentará recrutá-la, precisará recrutá-la. Porém, por mais sedutora que essa crítica possa ser, por mais provocativa que seja, sabe-se nos sobcomuns que ela não é amor. Entre o decreto do fim e a ética dos novos começos, os sobcomuns persistem, e alguns encontram até algum conforto nisso. Conforto para os emigrantes do recrutamento, por não estarem prontos para a humanidade e, no entanto, precisarem suportar o retorno da humanidade, da maneira como ela pode ser suportada por aqueles que querem ou devem suportá-la, como certamente a suportam aqueles dos sobcomuns, sempre na quebra, sempre o suplemento do *intelecto geral* e sua fonte. Quando o acadêmico crítico que vive do decreto (dos outros) não obtém nenhuma resposta, nenhum compromisso dos sobcomuns, certamente a conclusão será: eles não são práticos, não levam a mudança a sério, não são rigorosos, não são produtivos.

Enquanto isso, o acadêmico crítico da universidade, no círculo dos Estados Unidos, questiona a universidade. Afirma ser crítico da negligência da universidade. Mas ele não é o profissional mais bem-acabado em sua negligência estudada? Se o trabalho sobre o trabalho, o trabalho no trabalho dos não profissionais na universidade suscita revolta, recuo, soltura, será que o trabalho do acadêmico crítico não implica um escárnio desse primeiro trabalho, uma performance que é, em sua falta de preocupação com a paródia, negligente? Será que o questionamento do acadêmico crítico não se torna uma pacificação? Ou, dito de forma mais clara, será que o acadêmico crítico não ensina como negar justamente o que é produzido com os outros, e não é para aprender de novo essa lição que as profissões voltam à universidade? O acadêmico crítico não se dedica àquilo que Michael E. Brown chamou de empobrecimento, depauperação das perspectivas cooperativas da sociedade? Esse é o curso da ação profissional. Esse tipo de charada iluminista é totalmente negligente em sua crítica, uma negligência que nega a possibilidade de um pensamento do fora, um não lugar chamado sobcomuns – o não lugar que deve ser pensado fora para ser

2. A UNIVERSIDADE E OS SOBCOMUNS

sentido dentro, de onde a charada iluminista roubou tudo para o poder jogar seu jogo.

Mas se o acadêmico crítico é um mero profissional, por que dedicar tanto tempo a ele? Por que não roubar seus livros e entregá-los a estudantes sem matrícula em um bar estudantil fechado onde a cerveja é farta e onde rola um seminário sobre escavação e partilha? No entanto, temos de falar desses acadêmicos críticos porque a negligência é um grave crime de estado.

O ENCARCERAMENTO É A PRIVATIZAÇÃO DO INDIVÍDUO SOCIAL POR MEIO DA GUERRA

Se insistíssemos, o oposto da profissionalização é o impulso fugitivo de confiar na proteção dos sobcomuns, confiar na honra e insistir na honra da comunidade fugitiva; se insistíssemos, o oposto da profissionalização é aquele impulso criminoso de roubar das profissões, da universidade, sem desculpas nem malícia, roubar o esclarecimento dos outros, roubar a si mesmo com certo *blues* ao fundo, um certo otimismo trágico, cair fora com a intelectualidade das massas; se alguém fizesse isso, não colocaria a criminalidade e a negligência uma contra a outra? Não colocaria a profissionalização, a universidade, contra a honra? E o que dizer então da criminalidade?

Talvez seja preciso dizer que o traficante de crack, o terrorista e o preso político compartilham um compromisso com a guerra, e a sociedade responde da mesma forma com guerras contra o crime, o terror, as drogas e o comunismo. Porém, "essa guerra contra o compromisso com a guerra" é uma cruzada contra o associal, ou seja, contra aqueles que vivem "sem se preocupar com a sociabilidade". No entanto, tal coisa não existe.

Afinal de contas, é a própria profissionalização que se dedica ao associal, é a própria universidade que reproduz o conhecimento de como negligenciar a sociabilidade quando se preocupa com aquilo que chama de associabilidade. Não, essa guerra contra o compromisso com a guerra responde a esse compromisso com a guerra, enquanto ameaça que é – não mera negligência ou destruição despreocupada, mas um compromisso contra a própria ideia de sociedade, isto é, contra o que Foucault chamou de *conquista*, a guerra tácita que fundou e, com a força da lei, refunda a sociedade. Não associal, mas contra o social, esse é o compromisso com a guerra, e é o que ao mesmo tempo perturba e forma os sobcomuns contra a universidade.

Não será essa a forma de compreender o encarceramento nos Estados Unidos hoje? E, compreendendo isso, não podemos dizer que é exatamente o medo de que o criminoso se revolte e desafie a negligência que leva à necessidade, no contexto do estado estadunidense e de seu círculo *Universitas* particularmente violento, de concentrar sempre na negação da conquista?

A UNIVERSIDADE É O LUGAR DA REPRODUÇÃO SOCIAL DA NEGAÇÃO DA CONQUISTA

Aqui deparamos com as raízes do compromisso profissional e crítico com a negligência, com as profundezas do impulso de negar o pensamento do fora interno entre os intelectuais críticos, e a necessidade dos profissionais de questionar sem questionar. Não importa o que façam, os intelectuais críticos que encontram espaço na universidade já estão operando a negação da nova sociedade quando negam os sobcomuns, quando encontram esse espaço na superfície da universidade e quando se juntam à negação da conquista pela melhoria desse espaço. Antes de criticar a estética e a Estética, o estado e o Estado, a história e a História, eles já praticaram a operação de negar o que torna essas categorias possíveis no sobtrabalho do seu ser social como acadêmicos críticos.

Portanto, o slogan da esquerda: "mais universidades, não prisões" assinala uma escolha que não pode ser possível. Em outras palavras, poderíamos dizer que mais universidades promovem mais prisões. Talvez essa afirmação seja necessária para que finalmente vejamos que a universidade produz o encarceramento como produto de sua negligência. Talvez exista outra relação entre a Universidade e a Penitenciária – para além da simples oposição ou semelhança familiar – que os sobcomuns reservam como objeto e ocupação de outro abolicionismo. O que poderia se assemelhar à profissionalização da universidade estadunidense, nosso ponto de partida, agora poderia ser mais bem compreendido como uma certa intensificação do método na *Universitas*, um estreitamento do círculo. A profissionalização não pode tomar conta da universidade estadunidense – ela é a aproximação crítica da universidade, sua *Universitas*. E, de fato, tudo indica que esse estado, com sua peculiar hegemonia violenta, deve negar o que Foucault chamou, em seus cursos de 1975–76, de guerra racial.

A guerra contra o compromisso com a guerra destrava a memória da conquista. Os novos estudos estadunidenses também deveriam fazer isso, caso queiram ser, em vez de apenas a história do povo de um mesmo país, um movimento contra a possibilidade mesma de um país ou de qualquer outro; não apenas a propriedade justamente distribuída na fronteira, mas uma propriedade desconhecida. E há outros espaços situados entre a *Universitas* e os sobcomuns, espaços caracterizados exatamente por não terem espaço. Por isso os disparos realizados contra os estudos negros, por gente como William Bennett ou Henry Louis Gates Jr., e contra a proliferação, nos sobcomuns, de centros sem filiação à memória da conquista, à sua tutela viva, à proteção de sua honra, às noites de trabalho.

A universidade, portanto, não é o oposto da penitenciária, uma vez que ambas estão envolvidas, à sua maneira, com a redução e o controle do indivíduo social. Em verdade, sob essas circunstâncias, mais universidades e menos prisões poderia significar que a memória da guerra estaria sendo esquecida e que o trabalho vivo, insubmisso e conquistado, estaria sendo abandonado ao seu destino mesquinho. Em vez disso, os sobcomuns consideram a prisão um segredo sobre a conquista, mas um segredo cujo crescente sigilo é, como diz Sara Ahmed, sua fonte de poder, sua capacidade de manter distância entre si mesmo e sua própria revelação, um segredo que invoca o profético, um segredo mantido no comum, organizado enquanto segredo, chamando à existência a organização profética.

OS SOBCOMUNS DA UNIVERSIDADE SÃO UM NÃO LUGAR DE ABOLIÇÃO

Ruth Wilson Gilmore: "O racismo é a produção e a exploração, sancionadas pelo estado e/ou produzidas de modo extralegal, das diferentes vulnerabilidades dos grupos à morte prematura (social, civil e/ou corpórea)". Qual é a diferença disso para a escravidão? Qual é, melhor dizendo, o objetivo da abolição? Não é tanto a abolição das prisões, mas a abolição da sociedade que possa ter prisões, que possa ter escravidão, que possa ter salário e, portanto, não a abolição como eliminação de qualquer coisa, mas a abolição como fundação de uma nova sociedade. O objetivo da abolição teria uma semelhança com o comunismo que seria, para voltar a Spivak, estranha. A estranheza que perturba a crítica que se passa acima dela, o profissional que prescinde dela, a estranheza que se pode sentir na profecia, o momento estranhamente familiar, o conteúdo abrangente de uma cadência; e a estranheza que se pode sentir na cooperação, esse segredo que outrora era chamado de solidariedade. A sensação estranha que fica de que há algo mais nos sobcomuns. É a organização profética que trabalha para a abolição vermelha e negra!

3.
NEGRIDADE E GOVERNANÇA

1. Há um impulso anoriginário cuja diferença interna fatídica (em oposição a falha fatal) é o fato de ele trazer a regulação à existência, a uma história irregularmente pontuada por transformações que o impulso impõe sobre a regulação. Essas imposições transformadoras nos aparecem agora como compensação e excedente: como o pagamento de uma dívida imensa e incalculável por aqueles que nem sequer a contraíram; e como a imensa e incalculável extensão da vida trabalhada, "a coisa realizada nas coisas [...] a universalidade das necessidades individuais, capacidades, prazeres, forças produtivas etc., criadas por meio da troca universal" que Marx chamou de riqueza. O impulso anoriginário e as insistências que ele traz à existência e através das quais se move, a criminalidade que coloca a lei em funcionamento, o terreno descontrolado e anárquico da dívida impagável e da riqueza não contabilizada, o fugaz teatro do mundo interno que aparece consecutivamente por um minuto – pobre, mas extravagante, em oposição ao frugal – é a negridade, que deve ser entendida em sua diferença ontológica em relação às pessoas negras que são, todavia, (sub)privilegiadas na medida em que são dadas e dão (para) um entendimento dela.

2. Considere-se a seguinte declaração: "Não há nada de errado com a negridade": e se esse fosse o axioma primitivo de uma nova forma de "estudos negros" não derivada da psico--político-patologia das populações e de sua consequente teorização do Estado ou do racismo de Estado; um axioma derivado, como são todos os axiomas desse tipo, das "línguas fugitivas" e das eloquentes vulgaridades encriptadas em trabalhos e em dias que acabam sendo do nativo ou

do escravo[1] desde que o fugitivo seja erroneamente reconhecido, e em vidas nuas que se tornam nuas desde que nenhuma atenção lhes seja dada, desde que essas vidas persistam sob o signo e o peso de uma questão fechada?

3. A estética negra gira em torno de uma dialética de retenção luxuriante – a abundância e a falta empurram a técnica para além do limite da recusa, de modo que o problema com a beleza, que é a própria animação e emanação da arte, é sempre e em todo lugar perturbado de novo e de novo. Nova técnica, nova beleza. Ao mesmo tempo, a estética negra não tem nada a ver com a técnica, não é uma técnica, ainda que um elemento fundamental da negação anestésica movida pelo terror da "nossa terribilidade" seja a mixagem eclética de técnicas de performatividade negra em prol da asserção despossessiva não problemática de uma diferença interna, complexidade ou sintaxe que foi sempre e em todo lugar tão aparente que a asserção é uma espécie de excesso autoindulgente e autoexpiatório. Tal asserção se soma a uma tentativa de refutar as afirmações da simplicidade atômica da negridade que nunca foram sérias o suficiente para serem refutadas (já que são criadas como não falseáveis, sem evidências, por meio de motivações irrazoáveis, embora totalmente racionalizadas, de má-fé e numa inércia dogmática).

---

1 Moten e Harney seguem a terminologia estabelecida no campo dos Estudos Negros nos Estados Unidos e utilizam o termo "*slave*" (escravo) em vez de "*enslaved*" (escravizado). [N. E.]

3. NEGRIDADE E GOVERNANÇA

4. A rejeição de qualquer alegação possível a respeito da essência ou mesmo do ser da negridade (*em sua performatividade irredutível*) se torna, ela própria, a rejeição da negridade. Técnicas diferenciais ou diferenciadoras são usadas para explicar e substituir uma ausência. Apelos à diferença interna são feitos para desautorizar a instanciação. A abstração do ou a partir do referente é vista como equivalente à sua não existência. As técnicas de performance negra – nas diferenças manifestas entre elas, em todo o alcance de sua transferibilidade e em seu posicionamento dentro de uma história que é estruturada, mas não determinada pela imposição – são entendidas como constituintes da "prova" de que a negridade não é, ou está perdida, ou é uma perda. Nesse sentido, a abstração e a performatividade devem arcar com o mesmo peso quando a refutação das alegações sobre a autenticidade ou a unidade da negridade se torna a refutação da negridade como tal. Esse apelo à técnica é, em si, uma técnica de governança.[2] Enquanto isso, a negridade pretende tornar irrespondível a questão de como governar a coisa que se perde e se encontra a si própria para ser aquilo que não é.

---

2 Harney e Moten entendem a governança [*governance*] não apenas como um fenômeno bipolítico estatal, mas como uma nova forma de captar e capturar a riqueza socialmente produzida em lugares fora do local de trabalho – é nesse sentido que inúmeras críticas serão destinadas a ONGS (que passaram a ser objeto de política oficial do Banco Mundial a partir de 1988). A primeira etapa desse mecanismo de captura é negar que essa riqueza socialmente produzida seja o bastante, submetendo-a a processos de inovação, desenvolvimento e intensificação mediante a criação de diretrizes que, com frequência, entrelaçam comunidades negras – e outras comunidades racializadas – com índices estatísticos de criminalidade e pobreza. [N. T.]

5. A estética negra não se move no interesse de alguma oposição simples ou complexa entre *Technik* [Tecnologia] e *Eigentlichkeit* [Autenticidade], mas, sim, na improvisação por meio de sua oposição. Qual é o conteúdo da (sua) técnica (negra)? Qual é a essência da (sua) performance (negra)? Um imperativo está implicado aqui: prestar atenção às performances (negras), uma vez que cabe a quem presta essa atenção reteorizar a essência, a representação, a abstração, a performance e o ser.

6. A negação é uma tendência inerente à tradição radical negra, um tipo de inevitabilidade que emerge, por um lado, da força patologicamente autocrítica de (uma variante antecipatória de) um esclarecimento mais genuíno e, por outro, dos desejos mais básicos – o que não é nada além de dizer das bases – que animam a *ideologia da elevação*.[3] A lógica da correção é fugitiva da instrumentalidade política, embora essa fugitividade tenha uma borda dupla autoconsumível – o impulso patológico do patologista; o fim de um antirracismo antiessencialista sem a necessária redefinição de rota. Essa instrumentalidade pode rapidamente ficar amarga ou se tornar um interesse do império (artistas contra a arte e em benefício do ouro, imitações pré-fabricadas – com procedências *readymade* – de uma certa intelectualidade nova-iorquina, um estado mental,

---

3 No original, "*uplift*", em referência ao termo "*racial uplift*" (elevação racial), introduzido pelas elites negras estadunidenses no final do século para indicar a necessidade da classe intelectual negra de elevar sua raça socialmente e moralmente. São figuras ativas desse movimento, ainda que não homogêneas, W. E. B. Du Bois, Booker T. Washington e Florence Price. [N. T.]

3. NEGRIDADE E GOVERNANÇA

uma mente de Estado, uma mente dos Estados Unidos da Exceção, dos gângsteres sem originalidade do Século Americano que roubaram a arte moderna daqueles que fizeram do roubo arte moderna, coisas comoventes, heterogêneas, esculturais, animadas, teatrais).

7. Mas a negridade ainda tem trabalho a fazer: descobrir o redirecionamento codificado no trabalho da arte: na redefinição anacoreográfica de um ombro, nas extremidades quietas que animam uma gama de cromatismos sociais e, especialmente, nas mutações que impulsionam o discurso mudo, trabalhado e musicado à medida que se move entre uma incapacidade de expressão autogerada, raciocinada ou significativa – que seja, de um lado, suposta e, de outro, imposta – e uma predisposição crítica para escapar (sem as mãos vazias). Nessas mutações, que sempre são também uma regenderização ou transgenderização (como no falsete desviante de Al Green ou no grunhido do baixo de Big Maybelle – que não é nada além da base), e entre essa impropriedade da fala que se aproxima da animalidade e certa tendência à expropriação que se aproxima da criminalidade, aí se situa a negridade, aí se situa a coisa negra que corta a força reguladora e governante de/do entendimento (e até mesmo daquelas noções da negridade que são dadas às pessoas negras, uma vez que a fugitividade escapa até mesmo ao fugitivo).

8. O trabalho da negridade é inseparável da violência da negridade. A violência é para onde a técnica e a beleza retornam, embora nunca tenham saído dela. Considere-se a técnica como uma forma de tensão e considere-se a técnica que está embutida nas técnicas e que as corta – a crueldade

(fanoniana em oposição a artaudiana). A diferença interna da negridade é um redirecionamento violento e cruel, por meio e por fora da crítica, que se baseia na noção, que me foi dada, pelo menos, por Martin Luther Kilson Jr., de que *não há nada de errado conosco* (precisamente na medida em que há alguma coisa errada, irregular, ingovernável que vive fugitivamente em nós e é constantemente tomado como o patógeno que essa coisa exemplifica). Essa noção se manifesta principalmente na longa cena em câmera lenta – a série de desvios tragicamente prazerosos – do imediato (da improvisação, que é algo que não é quase nada além do espontâneo), um redirecionamento que se afasta de um retorno a ou para si mesmo. A aposição da crueldade fanoniana e artaudiana é uma itinerância que faz a ponte entre a vida e a negridade. O movimento em direção à morte – e contra a morte e suas prematuridades específicas e gerais – e uma disposição para violar a lei chamada à existência constituem sua própria relacionalidade. Mas qual é a relação entre disposição e propensão? Qual é a diferença entre fuga e fatalidade? Quais são as políticas do estar pronto para morrer e o que elas têm a ver com o escândalo do prazer? O que é morte prematura? Que transação ocorre entre o que Jacques Lacan identifica como a prematuridade específica do nascimento do homem e o que Hussein Abdilahi Bulhan identifica como a específica (e irredutível ameaça da) prematuridade da morte na negridade?

9. Abordar essas questões demanda tentar descobrir como a negridade opera enquanto modalidade de escape constante da vida e adquire a forma, o padrão mantido e errante da fuga. Portanto, temos tentado descobrir como os comuns

3. NEGRIDADE E GOVERNANÇA

rompem o senso comum – a contabilidade administrativa necessariamente fracassada do incalculável –, que é o objet(iv)o do autocontrole do esclarecimento, e chegar a essa sensualidade clandestina comum, a esse outro lugar ocupado radical, ao utópico solo clandestino comum dessa distopia, ao aqui e agora funkeado dessa particularidade anacêntrica que ocupamos e com a qual estamos preocupados. Pode ser que, ao explorar o mercado negro por trás dessa economia constante de reconhecimento equivocado, dessa cognição mísera, seja possível descobrir os prazeres informais que dão forma à economia de conteúdo: porque somos apaixonados pela maneira como a batida desse círculo dêitico tipo favela em fúria sai do controle; como a música do evento, cheia de cores, explode o horizonte do evento; como as ondas sonoras desse buraco negro carregam imagens saborosas ao toque; como a única maneira de chegar até elas é senti-las. Essa informação nunca pode ser perdida, pode apenas ser irrevogavelmente entregue em trânsito. Nunca poderíamos fornecer uma abundância de transições suaves para essa ordem de valas e vãos ocultos. Há apenas essa serialidade aberta de transcrições de terminais desligados. Algumas pessoas querem dirigir as coisas, outras querem correr. Se lhe perguntarem, diga que estávamos voando. O conhecimento da liberdade é (está n)a invenção da fuga, roubando nos confins, na forma, de uma quebra. Isso está sempre por perto na canção aberta daqueles que supostamente deveriam estar em silêncio.

10. A quem nos referimos quando dizemos "não há nada de errado conosco"? Aos gordos. Aos que estão fora de qualquer radar, por mais exata que seja sua localização. Aos que não estão

conscientes quando ouvem Les McCann. Aos Screamers, que não dizem grande coisa, insolentemente. Aos frequentadores de igrejas que valorizam a indecência. Aos que conseguem se esquivar da autogestão dentro dos muros. Aos desinteressados que trazem o ruído mudo e a gramática mutante do novo interesse geral pela recusa. Ao novo intelecto geral que estende a longa linha extragenética da obrigação extramoral de perturbar e escapar da inteligência. Nossos primos. Todos os nossos amigos.

11. O novo intelecto geral é rico. E a nova regulamentação quer nos devolver publicamente o que temos, isto é, em parte aquilo que só pode ser devido. Essa regulamentação é chamada de governança. Não se trata da governamentalidade nem de uma governança da alma. Ela deve ser descrita em sua inscrição naquela criminalidade que se duplica como dívida, que dobra a dívida, que se contorce na inscrição, que se retorce.

Nikolas Rose estava errado, governança não é sobre governo, e nisso Foucault talvez tivesse razão. Mas como ele poderia saber, se não soube encontrar a prioridade do que conheceu no Norte da África? A governança é a sagacidade do agente colonial, da mulher da CIA, do homem da ONG. Será que vamos entrar na brincadeira, agora que todos nós conhecemos tão bem a governamentalidade? Todos nós podemos lê-la como um livro. Nada acontece nos bastidores do novo cinismo (exceto termos de lembrar a Paolo Virno o que sempre aconteceu para além do cinismo, o que sempre esteve sem lar ou abrigo, o que sempre esteve menos armado e em menor número). Participaremos da chacota da religião, do lixo branco, ou da chacota do desenvolvimento,

3. NEGRIDADE E GOVERNANÇA

do marxismo? Quando Gayatri Spivak se recusa a rir, dizem que ela quer negar aos trabalhadores seus cappuccinos. Ela resiste à redução contra as negociações internas de dominação, resiste à redução contra a coerção que explora o que não pode ser reduzido a um convite à governança. Ainda assim, os convites chegam pelo sorrisinho cínico da governamentalidade para todos, ou pelo olhar severo e sério da democratização. Crítica e diretivas. Não é de se admirar que Rose pensasse que governança era sobre governo. Ainda pior, alguns dizem que governança é apenas um neologismo para gestão, uma peça de uma ideologia antiquada. Outros acham que governança é simplesmente um recuo em relação ao fundamentalismo de mercado do neoliberalismo e em direção ao liberalismo.

Mas queremos reduzi-la a uma espécie de "pensamento de Estado", uma forma de pensamento que, para Gilles Deleuze e Félix Guattari, respaldou a interpretação e a acumulação de riqueza social. Um pensamento que considera o privado antes do público e do privado, mas não exatamente antes e, sim, um passo à frente. O pensamento de Estado diz que "eles queimaram o bairro deles". Não deles, antes deles. Mas depois ninguém escreve sobre o Estado, porque a governança é inteligente demais para isso, a governança nos convida a rir do Estado, a olhar por trás dele, para sua imaturidade política diante da governamentalidade de todos, seu comportamento perigoso, sua preguiça, sua negridade. O que significa, na verdade, o esgotamento da negridade pensada pelo Estado e a nova maneira de roubar dos roubados, dos que se recusam a abrir mão do segredo de roubar com seu próprio roubo, o segredo de seu roubo de seu próprio roubo.

Na mais nova linguagem das ciências sociais, poderíamos dizer que a governança é gerada por uma recusa nas populações biopolíticas. Ou talvez ainda pela autoatividade do trabalho imaterial. Mas talvez queiramos dizer que ela é provocada pela comunicabilidade da diferença racial e sexual não gerenciáveis, insistindo em uma agora incomensurável dívida de riqueza.

12. A governança é uma estratégia de privatização do trabalho social reprodutivo, uma estratégia provocada por essa comunicabilidade, infectada por ela, hostil e hospedeira. Como diz Toni Negri, "a nova face do trabalho produtivo (intelectual, relacional, linguístico e afetivo, em vez de físico, individual, muscular, instrumental) não subestima, mas acentua a corporalidade e a materialidade do trabalho". Mas acumular trabalho coletivo, cognitivo e afetivo a partir dessas diferenças altamente comunicáveis não é o mesmo que acumular corpos biopolíticos que trabalham. As diferenças aqui não importam para a ordem, mas a ordem importa para as diferenças. A ordem que coleciona as diferenças, a ordem que coleciona o que Marx chamou de trabalho – e que ainda se materializa – é a ordem da governança.

13. Mas a governança cobra como uma broca perfurando amostras. A governança é uma forma de prospecção desse trabalho imaterial. O trabalho imaterial é opaco para o pensamento estatal até se tornar força de trabalho, potencialidade intercambiável. O trabalho imaterial pode ser facilmente confundido com a vida, e é por isso que a biopolítica deve assumir uma nova forma. Uma forma que provoque a vida a abrir mão desse novo potencial. A responsabilidade social

3. NEGRIDADE E GOVERNANÇA

corporativa é sincera. O convite para a governamentalidade é feito por meio da transferência de responsabilidade, e o trabalho imaterial, ao assumir essa responsabilidade, distingue-se da vitalidade da vida, de seu receptáculo, e agora a vida se distingue por sua evidente irresponsabilidade.

Como nem o Estado nem o capital sabem onde encontrar o trabalho imaterial ou como distingui-lo da vida, a governança é uma espécie de perfuração exploratória com uma parte de responsabilidade. Mas essa perfuração não está realmente em busca de força de trabalho. Ela está em busca da política ou, como sugere Tiziana Terranova, está em busca do controle brando, do cultivo da política sob o político. O lema da governança pode não ser "onde há fumaça, há fogo", mas "onde há política, há trabalho", um tipo de trabalho que pode ser provocado, nas palavras da crítica, ou cultivado, nas palavras das diretivas, para se tornar força de trabalho. Mas esse trabalho como subjetividade não é política por si só. Para que possa render como força de trabalho, ele precisa ser politizado, ou melhor, poderíamos dizer que a política é o processo de refinamento do trabalho imaterial. A politização é o trabalho do pensamento do Estado, o trabalho, hoje, do capital. Esse é o interesse que ele tem. E os interesses, seus juros, são sua força vital, sua força de trabalho.

14. A governança opera mediante a aparente autogeração desses interesses. Diferentemente dos regimes anteriores de soberania, não há nenhum interesse predeterminado (nenhuma nação, nenhuma constituição, nenhum idioma) a ser realizado coletivamente. Em vez disso, os interesses são solicitados, oferecidos e acumulados. Mas esse é um momento tão

próximo da vida, da vitalidade, do corpo, tão próximo de interesse nenhum, que a imposição da autogestão se torna imperativa. Essa imposição é a governança.

15. A governança torna-se então gestão da autogestão. A geração de interesses aparece como riqueza, plenitude, potencial. Ela esconde o desperdício do imaterial bruto e sua reprodução num turbilhão de conferências, consultas e assistências. De fato, dentro de cada empresa, a autogestão se distingue da obediência pela geração de novos interesses em qualidade, design, disciplina e comunicação. Mas, com a implosão do tempo e do espaço na empresa, com a dispersão e a virtualização da produtividade, a governança chega para gerenciar a autogestão não de cima, mas de baixo. O que surge, então, pode não ser um valor vindo de baixo, como o chama Toni Negri, mas uma política vinda de baixo, de modo que devemos ter cautela com o povo e desconfiar da comunidade. Quando o que emerge de baixo são interesses, quando o valor de baixo se torna política de baixo, a autogestão foi realizada e a governança fez seu trabalho.

16. Os sovietes costumavam dizer que os Estados Unidos tinham liberdade de expressão, mas ninguém conseguia ouvir nada por causa do ruído das máquinas. Hoje, ninguém consegue ouvir por causa do ruído das conversas. Maurizio Lazzarato diz que o trabalho imaterial é loquaz, enquanto o trabalho industrial é mudo. As populações em governança são gregárias. A gregariedade é a forma de intercâmbio da força de trabalho imaterial, uma força de trabalho convocada por interesses de uma comunicabilidade sem interesses nem lucro, uma comunicabilidade viral, uma batida.

3. NEGRIDADE E GOVERNANÇA

A compulsão de dizer como nos sentimos é a compulsão do trabalho, e não da cidadania, da exploração que não é dominação, e isso é a branquidade. A branquidade é a razão pela qual Lazzarato não ouve o trabalho industrial. A branquidade nada mais é do que uma relação com a negridade, como tentamos descrever aqui, mas uma relação particular com a negridade em sua relação com o capital, ou seja, o movimento da mudez para a insolência ridiculamente muda, que pode se dar por meio do ruído. Mas o ruído da conversa, o ruído branco, o ambiente rico em informações gregárias, vem das subjetividades formadas pelo trabalho objetificado, materializado. Essas são as subjetividades dos interesses, do lucro, as subjetividades da força de trabalho cujas potencialidades já estão restringidas pela forma como serão gastas e mutadas em sua negridade. Essa é a verdadeira mudez do trabalho industrial. E é essa a verdadeira gregariedade do trabalho imaterial. A governança é a extensão da branquidade em uma escala global.

17. As ONGS são os laboratórios da governança. A premissa da ONG é que todas as populações devem se tornar gregárias. E a ética das ONGs, o sonho da governança em geral, é ir além da representação como forma de soberania para a representação que se autogera, em duplo sentido. Aqueles que podem representar a si mesmos serão também aqueles que se representam enquanto interesses de um único e mesmo gesto, colapsando a distinção. A ONG é o braço de pesquisa e desenvolvimento da governança que encontra novas maneiras de trazer para a negridade o que se diz que lhe falta, a coisa que não pode ser trazida, os interesses. Não quero falar pelo povo é o mantra da governança.

18. A governança é o que põe a democracia para trabalhar. Quando a representação se torna obrigação de todos, quando a política se torna trabalho de todos, a democracia é laboriosa. A democracia não pode mais prometer o retorno de algo perdido no local de trabalho, mas torna-se ela mesma uma extensão do local de trabalho. E mesmo a democracia não pode conter a governança, ela é apenas uma ferramenta em sua caixa. A governança é sempre gerada, sempre orgânica em qualquer situação. A democracia não se ajusta bem a muitas situações e deve ser trabalhada, para parecer tão natural quanto a governança, para servir à governança.

19. Porque a governança é o anúncio do intercâmbio universal. O intercâmbio por meio da comunicação de todas as formas institucionais, todas as formas de valor de troca entre si. Essa é a enunciação da governança. O hospital conversa com a prisão, que conversa com a universidade, que conversa com a ONG, que conversa com a corporação por intermédio da governança, e não apenas um com o outro, mas uns sobre os outros. Todos sabem tudo sobre nossa biopolítica. Essa é a perfeição da democracia sob o equivalente geral. É também a anunciação da governança como a realização do intercâmbio universal com base no capitalismo.

20. Governança e criminalidade – a condição de ser sem interesses – acabam possibilitando uma à outra. O que significaria lutar contra a governança, contra aquilo que pode produzir luta pela germinação de interesses? Quando a governança é entendida como a criminalização do ser sem interesses, como uma regulamentação suscitada pela

3. NEGRIDADE E GOVERNANÇA

criminalidade, em que a criminalidade é o excesso deixado pela criminalização, emergem uma certa fragilidade, um certo limite, uma imposição incerta por um impulso maior, cuja mera expressão do nome se tornou novamente muito negra, muito forte.

4.
DÍVIDA E ESTUDO

DÍVIDA E CRÉDITO

Dizem que temos dívidas demais. Que precisamos de um crédito melhor, mais crédito, menos gastos.[1] Oferecem reparação de crédito, aconselhamento de crédito, microcrédito, planejamento financeiro personalizado. Prometem equiparar de novo crédito e dívida, dívida e crédito. Mas nossas dívidas continuam nas alturas. Continuamos pedindo outra canção, outra rodada. Não é o crédito que buscamos, tampouco a dívida, mas a dívida incobrável, ou seja, a dívida real, a dívida que não pode ser quitada, a dívida à distância, a dívida sem credor, a dívida negra, a dívida queer, a dívida criminosa. Dívida excessiva, dívida incalculável, dívida sem razão, dívida quebrada pelo crédito, a dívida como seu próprio princípio.

O crédito é um meio de privatização e a dívida é um meio de socialização. Enquanto eles se unirem na violência monogâmica do lar, da pensão, do governo ou da universidade, a dívida só pode alimentar o crédito, a dívida só pode desejar o crédito. E o crédito só pode se expandir por meio da dívida. Mas a dívida é social e o crédito é associal. A dívida é mútua. O crédito só

---

1 Neste capítulo, Harney e Moten pensam a dívida de forma ampla, elaborando a noção de dívida impagável (ver, de Denise Ferreira da Silva, *A dívida impagável*, trad. Nathalia Carneiro et al. São Paulo: Companhia das Letras, 2024), em oposição à ideia de reparação histórica, e diante da inadimplência que em 2008 fez explodir a crise do *subprime* e a dívida trilhonária dos estudantes universitários nos Estados Unidos. Aqui o termo "crédito" abarca tanto o seu sentido financeiro como o requisito para a obtenção de diploma no ensino superior. No original, a palavra *"interest"* também produz um jogo com base em seu duplo sentido: o interesse dos estudantes e os juros financeiros. O conceito de estudo se insere nesse contexto de questionamento do que acontece dentro e o que fica de fora da universidade. [N. T.]

avança em uma direção. A dívida, ao contrário, avança em todas as direções, espalha-se, escapa, busca refúgio. O devedor busca refúgio entre outros devedores, adquire dívidas deles, oferece dívidas a eles. O lugar de refúgio é o lugar em que você só pode dever mais e mais, porque não há credor, não há pagamento possível. Esse refúgio, esse lugar de dívidas incobráveis, é o que chamamos de público fugitivo. Atravessando o público e o privado, o Estado e a economia, o público fugitivo não pode ser conhecido por sua dívida insolvente, apenas pelos maus devedores. Para os credores, é apenas um lugar onde algo está errado, embora esse algo errado – a coisa inapreciável, a coisa que não tem valor – seja desejado. Os credores buscam demolir esse lugar, esse projeto, a fim de salvar os que lá vivem de si mesmos e de suas vidas.

Eles pesquisam, coletam informações sobre o assunto e tentam calculá-lo. Querem salvá-lo. Querem explodir sua concentração e depositar os fragmentos no banco. Mas, de repente, a coisa que o crédito não pode conhecer, a coisa fugitiva pela qual não se recebe crédito, torna-se inescapável.

Quando começamos a ver a dívida impagável, começamos a vê-la em todos os lugares, ouvi-la em todos os lugares, senti-la em todos os lugares. Essa é a verdadeira crise do crédito, sua verdadeira crise de acumulação. A dívida começa a se acumular sem ele. É isso que a torna tão ruim. Nós a vimos em um passo de dança ontem, nos quadris, num sorriso, num gesto de mão. Nós a ouvimos em uma pausa, num corte, numa cadência, na maneira como as palavras saltavam. Nós a sentimos na maneira como alguém guarda as melhores coisas só para dá-las a alguém e depois isso se perde, a oferta é uma dívida. Eles não querem nada. Temos de aceitar, temos de aceitar isso. Estamos endividados, mas não podemos dar crédito, porque eles não vão assegurá-lo. Então o telefone

4. DÍVIDA E ESTUDO

toca. São os credores. O crédito rastreia. A dívida esquece. Você não está em casa, você não é você, você se mudou e não deixou um endereço chamado refúgio.

A estudante não está em casa, está fora do tempo, fora do lugar, sem crédito, com dívidas insolvíveis. A estudante é uma má devedora ameaçada com crédito. A estudante foge do crédito. O crédito persegue a estudante, oferecendo-se para equiparar crédito e dívida, até que se acumulem dívidas e créditos suficientes. Mas a estudante tem um hábito, um mau hábito. Ela estuda. Estuda, mas não aprende. Se aprendesse, eles poderiam medir seu progresso, estabelecer seus atributos, conceder-lhe crédito. Mas a estudante continua estudando, continua planejando estudar, continua correndo para estudar, continua estudando um plano, continua elaborando uma dívida. A estudante não tem a intenção de pagar.

DÍVIDA E PERDÃO

A dívida não pode ser perdoada, só pode ser esquecida para ser relembrada. Perdoar a dívida é restaurar o crédito. É a justiça restaurativa. A dívida pode ser abandonada por uma dívida impagável. Pode ser esquecida por uma dívida insolvível, mas não pode ser perdoada. Somente os credores podem perdoar, e somente os devedores, os maus devedores, podem oferecer justiça. Os credores perdoam a dívida para oferecer crédito, para oferecer a própria fonte da dor da dívida, uma dor para a qual há apenas uma justiça, a dívida indebitável, o esquecimento, a lembrança mais uma vez, a lembrança de que ela não pode ser paga, não pode ser creditada, carimbada e recebida. Haverá um jubileu quando o Norte gastar seu dinheiro, ficar sem nada e gastar novamente, no crédito, com cartões roubados, pedindo emprestado de um amigo que sabe que nunca mais voltará a ver. Haverá um jubileu quando o Sul global não receber crédito por causa dos descontos das contribuições para a civilização mundial e para o comércio, mas mantiver suas dívidas, trocando-as apenas pelas dívidas dos outros, uma permuta entre aqueles que nunca pretendem pagar, que nunca terão permissão de pagar, num bar em Penang, Porto de Espanha ou Bandung, onde seu crédito não é bom.

O crédito pode ser restaurado, reestruturado, reabilitado, mas a dívida perdoada é sempre injusta, sempre imperdoável. O crédito restaurado é a justiça restaurada e a justiça restaurativa é sempre o reino renovado do crédito, um reino de terror, uma chuva de obrigações a serem atendidas, medidas, cumpridas, suportadas. A justiça só é possível onde a dívida nunca obriga, nunca demanda, nunca se iguala ao crédito, ao pagamento, ao ressarcimento. A justiça só é possível onde nunca é solicitada, no refúgio da má dívida, no público fugitivo de estranhos e não de comunidades, de comuns clandestinos e não de bairros, entre aqueles que sempre estiveram lá, vindos de algum lugar. Buscar justiça por meio da restauração é fazer retornar a dívida à folha de balanço, e a folha de balanço nunca se estabiliza. Ela se embrenha na direção do risco, da volatilidade, da incerteza, de mais crédito em busca de mais dívida, de mais dívida atrelada ao crédito. Novamente, restaurar não é conservar. Não há refúgio na restauração. A conservação é sempre nova. Proveniente do lugar onde paramos enquanto estávamos em fuga. É feita pelas pessoas que nos abrigaram. É o espaço que dizem estar errado, a prática que dizem que precisa ser consertada, a desabrigada aneconomia da visita.

Os públicos fugitivos não precisam ser restaurados. Eles precisam ser conservados, ou seja, movidos, escondidos, rei-

4. DÍVIDA E ESTUDO

niciados com a mesma anedota, com a mesma história, sempre em outro lugar que não seja onde o longo braço do credor os procura, conservados da restauração, além da justiça, além da lei, em um país ruim, em uma dívida impagável. Eles são planejados quando menos se espera, planejados quando não seguem o processo, planejados quando escapam das diretivas, fogem da governança, esquecem-se de si mesmos, recordam-se de si mesmos, não precisam ser perdoados. Eles não estão errados, embora não sejam, afinal, comunidades; são devedores à distância, maus devedores, esquecidos, mas nunca perdoados. Dê crédito a quem merece crédito e dê aos maus devedores somente dívida, somente aquela reciprocidade que diz o que não pode ser feito. Você não pode me pagar, me dar crédito, se livrar de mim, e eu não posso deixar você ir embora quando você tiver partido. Se quiser fazer algo, esqueça-se dessa dívida e lembre--se dela depois.

A dívida à distância é esquecida e mais uma vez recordada. Pense no autonomismo, em sua dívida à distância para com a tradição radical negra. Na autonomia, na militância do pós--trabalhismo, não há um exterior, a recusa se dá no interior e faz sua ruptura, sua luta, seu êxodo a partir do interior. Há uma produção biopolítica e há um império. Há até mesmo o que Franco "Bifo" Berardi chama de problema de alma. Em outras palavras, há essa dívida à distância com uma política global para a negridade que emerge da escravidão e do colonialismo, uma política radical negra, uma política da dívida sem pagamento, sem crédito, sem limite. Essa dívida foi construída em uma luta contra o império antes do império, onde o poder não estava apenas nas instituições ou nos governos, onde qualquer proprietário ou colonizador tinha o poder violento de um Estado ubíquo. Essa dívida estava vinculada àqueles que, por insolência muda ou planos noturnos, fugiram sem partir, partiram sem ter ido para fora. Essa dívida foi compartilhada com qualquer um cuja alma foi procurada para ser força de trabalho, cujo espírito foi carregado com um preço que o marcava. E continua sendo compartilhada, nunca creditada e nunca persistindo como crédito, uma dívida que você assume, uma dívida que você rola e uma dívida que você ama. E, sem crédito, essa dívida é infinitamente complexa. Ela não se resolve com lucro, não se apodera de ativos nem se estabiliza com pagamentos. A tradição radical negra é o movimento que trabalha através dessa dívida. A tradição radical negra é o trabalho da dívida. Ela trabalha com a dívida impagável daqueles que têm dívidas impagáveis. Trabalha intimamente e à distância até que a autonomia, por exemplo, se recorde e se esqueça. A tradição radical negra é uma dívida não consolidada.

DÍVIDA E REFÚGIO

Fomos ao hospital público, mas era privado; atravessamos a porta que dizia "privado" e era a sala de descanso das enfermeiras, e era pública. Fomos à universidade pública, mas ela era privada; fomos à barbearia do *campus* e era pública. Entramos no hospital, na universidade, na biblioteca, no parque. Ofereceram-nos crédito para a nossa dívida. Concederam-nos cidadania. Deram-nos o crédito do Estado, o direito de tornar privado qualquer questão pública que tenha se tornado ruim. Os bons cidadãos podem conciliar crédito e dívida. Recebem crédito porque sabem a diferença, porque sabem qual é o seu lugar. Dívidas insolúveis levam a públicos insolúveis, públicos não compatíveis, não consolidados, não lucrativos. Fomos nomeados cidadãos honorários. Honramos nossa dívida com a

4. DÍVIDA E ESTUDO

nação. Avaliamos o serviço, classificamos a limpeza e pagamos nossas taxas.

Depois fomos à barbearia e nos deram um café da manhã de Natal. Fomos à sala de descanso e pegamos café e pílulas vermelhas. Íamos correr, mas não foi preciso. Eles correram. Atravessaram o Estado e a economia, como um corte secreto, uma explosão pública, um rebanho fugitivo. Correram, mas não foram a lugar algum. Permaneceram para que pudéssemos permanecer. Viram nossa dívida impagável a quilômetros de distância. Mostraram-nos que esse era o público, o público real, o público fugitivo, e onde procurá-lo. Procurem-no aqui, onde dizem que o Estado não funciona. Procurem-no aqui, onde dizem que há algo errado com essa rua. Procurem-no aqui, onde novas políticas serão introduzidas. Procurem-no aqui, onde medidas mais duras devem ser tomadas, onde campainhas devem ser apertadas, onde notificações devem ser entregues, onde bairros inteiros devem ser revistados. Qualquer lugar onde a inadimplência cresce. Qualquer lugar onde você pode permanecer, preservar-se, planejar-se. Alguns minutos, alguns dias em que não terá de ouvir que há algo errado com você.

DÍVIDA E GOVERNANÇA

Nós os ouvimos dizer: o que está errado com você é a sua dívida insolvente. Você não está trabalhando. Você não consegue pagar a sua dívida com a sociedade. Você não tem crédito, mas era de se esperar. Você tem crédito ruim, e está tudo bem. Mas a dívida impagável é um problema. Dívida que busca apenas outra dívida, desvinculada dos credores, fugitiva da reestruturação. Dívida desestruturada, isso sim é errado. Mas, mesmo assim, o que está errado com você pode ser consertado. Primeiro lhe damos uma chance. Isso se chama governança, uma chance de se interessar e uma chance até mesmo de se desinteressar. Isso são diretivas. Ou lhe damos diretivas, se você continuar errado, se continuar insolvente. A dívida impagável é sem sentido, ou seja, não pode ser percebida pelos sentidos do capital. Mas temos uma terapia disponível. A governança quer conectar sua dívida novamente com o mundo exterior. Você está no espectro, no espectro capitalista dos juros e interesses. Você é o lado errado. Sua inadimplência parece desconectada, autista, em seu próprio mundo. Mas você pode crescer. Afinal, você pode obter crédito. A chave são os lucros. Diga-nos o que você quer. Diga--nos o que você quer e nós podemos ajudá-lo a conseguir, com crédito. Podemos reduzir a taxa para que você possa ter lucro. Podemos aumentar a taxa para que você fique esperto. Mas não podemos fazer isso sozinhos. A governança só funciona quando você trabalha, quando diz quais são seus interesses, quando reinveste seus lucros em dívida e crédito. A governança é a terapia de seus interesses, e seus lucros trarão seu crédito de volta. Você terá um investimento, mesmo com dívidas. E a governança ganhará novos sentidos, novas percepções, novos avanços no mundo das dívidas insolvíveis, novas vitórias na guerra contra aqueles que não têm lucro, aqueles que não falam por si mesmos, não participam, não identificam seus lucros, não investem, não informam, não demandam crédito.

A governança não busca crédito. Não busca a cidadania, embora muitas vezes seja entendida como tal. A governança busca a dívida, a dívida que buscará o crédito. A governança não pode não ter acesso ao que pode ser compartilhado, ao que pode ser mútuo, ao que pode ser comum. Por que conceder crédito, por que conceder cidadania? Somente a dívida é produtiva, somente a

4. DÍVIDA E ESTUDO

dívida possibilita o crédito, somente a dívida permite que o crédito reine. A produtividade vem sempre antes da norma, mesmo que os estudantes de governança não entendam isso, e mesmo que a própria governança mal entenda esse fato. Mas a norma vem, e hoje é chamada de diretivas, o reinado da precariedade. E quem sabe onde você será atingido, se um credor cruzará seu caminho? Você mantém os olhos baixos, mas ele determina diretivas mesmo assim, esmaga qualquer proteção que você tenha construído, qualquer dívida impagável que você esteja contrabandeando. Sua vida volta ao acaso vicioso, à violência arbitrária, a um novo cartão de crédito, a um novo financiamento de carro, é arrancada daqueles que esconderam você, daqueles com quem você compartilhava dívidas insolvíveis. Eles não ouvem mais falar de você.

ESTUDO E PLANEJAMENTO

A estudante não tem interesses. Os interesses da estudante devem ser identificados, declarados, perseguidos, assessorados, aconselhados e creditados. Dívida produz interesses, juros. A estudante ficará endividada. A estudante ficará interessada. Seja interessante aos estudantes! A estudante pode ser calculada por suas dívidas, pode calcular suas dívidas com seus interesses. Ela está à vista do crédito, à vista da pós-graduação, à vista de ser uma credora, de ser investida em educação, uma cidadã. A estudante com lucros, interesses, pode demandar diretivas, pode formular diretivas, dar-se crédito, persuadir maus devedores com boas diretivas, diretivas sólidas, diretivas baseadas em evidências. A estudante com crédito pode privatizar sua própria universidade. A estudante pode criar sua própria ONG, convidar outras pessoas para identificar seus interesses, colocá-los sobre a mesa, participar da conversa global, falar em nome deles, obter crédito, gerenciar dívidas. A governança rende juros. Crédito e dívida. Não há outra definição de boa governança, nenhum outro interesse. O público e o privado em harmonia, nas diretivas, na caça a dívidas impagáveis, rastreando públicos fugitivos, em busca de evidências de refúgio. A estudante se forma.

Mas nem todas. Algumas ainda permanecem, comprometidas com o estudo negro nas salas dos sobcomuns da universidade. Estudam sem um fim, planejam sem pausa, rebelam-se sem diretivas, conservam sem um patrimônio. Estudam na universidade e a universidade as obriga a se submeter, relega-as ao estado daqueles sem interesses, sem crédito, sem dívidas que rendam juros e concedam créditos. Nunca se formam. Simplesmente não estão prontas. Estão construindo algo lá dentro, algo lá embaixo. Dívida mútua, dívida impagável, dívida indefinida, dívida não consolidada, dívida de uns com os outros em um grupo de estudo, com outros em uma sala de enfermeiras, com outros em uma barbearia, com outros em uma invasão, um barraco, uma floresta, uma cama, um abraço.

E nos sobcomuns da universidade elas se encontram para elaborar sua dívida sem crédito, sua dívida sem conta, sem juros, sem reembolso. Aqui encontram aqueles que vivem em uma compulsão diferente, em uma mesma dívida, uma distância, esquecendo, relembrando, mas somente depois. Esses outros carregam sacos de recortes de jornais, ou sentam-se na ponta do balcão, ou ficam em pé diante do fogão, cozinhando, ou sentam-se em uma caixa na banca de jornal, ou falam através das grades, ou falam em línguas. Esses outros têm paixão por contar o que encontraram e ficam surpresos que você queira ouvi-los, por mais que estivessem esperando você. Às vezes a história não é clara, ou começa com um sussurro. Ela se repete, mas precisa

4. DÍVIDA E ESTUDO

ser ouvida, é sempre divertida, todas as vezes. Esse conheci-mento tem se degradado e a pesquisa é rejeitada. Eles não têm acesso aos livros e ninguém os publica. As diretivas concluem que eles são conspiratórios, heréticos, criminosos e amadores. As diretivas dizem que eles não conseguem lidar com as dívidas e nunca terão crédito. Mas se você os ouvir, eles lhe dirão: não conseguimos gerir o crédito e não podemos gerir a dívida, a dívida nos atravessa e não temos tempo para contar tudo, há tanta inadimplência, tanta coisa para esquecer e recordar. Mas se os ouvirmos, eles nos dirão: vamos planejar algo juntos. E é isso que vamos fazer. Estamos contando a todos vocês, mas não estamos contando a mais ninguém.

5.
PLANEJAMENTO E DIRETIVAS

Vamos nos juntar, pegar um pedaço de terra
Criar nossa comida, como o patrão
Guardar dinheiro como a máfia
Botar a fábrica pra funcionar
JAMES BROWN, "Funky President"

A esperança sobre a qual Cornel West escreveu em 1984 não estava destinada a tornar-se o que chamamos de "diretivas".[1] Os que a praticavam, dentro e na contracorrente de cada contingência imposta, sempre tiveram um plano. Dentro e fora das profundezas do reaganismo, contra o pano de fundo e por meio de uma irrupção ressuscitadora da política que, pode-se dizer, Jesse Jackson tanto simbolizou como suprimiu, algo que West classifica de radicalismo negro – "acreditar à revelia da esperança [...] para sobreviver ao presente deplorável" – afirma um surrealismo metapolítico que enxerga e atravessa a evidência da incapacidade massiva, cortando o desespero por ele gerado. A exuberante esperança metacrítica sempre excedeu cada circunstância imediata em sua atuação cotidiana da arte fugitiva da vida social. Essa arte é praticada no limite e além da política, sob sua fundação, na decomposição animada e improvisadora

---

1 Durante a bem-sucedida campanha de Barack Obama para a Presidência dos Estados Unidos em 2008, o designer Shepard Fairley criou um pôster estilizado do candidato nas cores da bandeira dos Estados Unidos e a palavra "*hope*" (esperança). Outras versões ostentavam as palavras "*change*" (mudança) e "*progress*" (progresso). Neste capítulo, Harney e Moten fazem alusões à esperança e à mudança de Obama e, em particular, à sua relação com a crise de Wall Street em 2008. Perpassam o capítulo as menções às ocupações realizadas por manifestantes do movimento Occupy Wall Street e a consequente exposição das fissuras nas promessas de campanha e na atitude protecionista do governo em relação aos bancos (e não às pessoas) durante a crise econômica que se seguiu. [N. T.]

de seu corpo inerte. Ela emerge de uma postura conjunta, uma série cinética de posições, mas também toma a forma de uma notação incorporada, de um estudo, de uma partitura. Seu ruído codificado está escondido à vista daqueles que se recusam a ver e ouvir – ainda que coloquem em constante vigilância – a coisa cuja imitação repressiva eles requisitam e são. Hoje, mais de um quarto de século depois da análise de West, e depois de uma iteração interventora que teve a audácia de se alojar na esperança, ao mesmo tempo que a repudiava consecutivamente e ajudava a estender e preparar seu eclipse quase total, os restos mortais da política estadunidense exalam esperança outra vez. Após aparentar ter perdido seu apelo enquanto se estabelecia em/para as técnicas carcerárias do possível, tendo se tornado, assim, involuntariamente o modo privilegiado de expressão de um certo tipo de desespero, a esperança parece ser hoje uma simples questão de diretivas. As diretivas, por outro lado, agora se revelam como uma questão que não é nada simples.

O que nós estamos chamando de diretivas é a nova forma que o comando toma à medida que apreende [*takes hold*].[2] Já se notou que com as novas incertezas sobre como e onde se gera

---

2 Neste capítulo, como em todo o livro, Harney e Moten fazem menção e desenham sua crítica como uma planta de navio (negreiro). A palavra "*hold*" e suas derivações (como aqui, na forma de verbo "*to take hold*"), utilizadas reiteradamente no original, referem-se ao porão do navio, onde os africanos escravizados eram tomados como propriedade, como mercadoria (daí a tradução "apreender", tomar posse de alguém que foi transformado em coisa). Outras palavras relacionadas ao navio são "*break*", que se refere à quebra de água da proa, e "*wake*", que se refere ao vestígio que o navio deixa na água. Ver Fred Moten, *Na quebra: a estética da tradição radical preta* (trad. Matheus dos Santos. São Paulo: crocodilo/n-1 edições, 2023) e Christina Sharpe, *No vestígio: negridade e existência* (trad. Jess Oliveira. São Paulo: Ubu Editora, 2023). [N. T.]

5. PLANEJAMENTO E DIRETIVAS

mais-valia, e como e onde ela será gerada no futuro, mecanismos econômicos de compulsão foram substituídos por formas diretamente políticas. Obviamente, para o sujeito colonial, essa mudança não é uma mudança como a entendia Fanon. E, como argumentou Nahum Chandler, o problema da linha de cor não é uma questão de acumulação primitiva nova nem antiga. O problema não é nada mais do que a forma em que a diferença entre o trabalho e o capital continua sendo anterior ao seu excedente e é feita abundante ou em abundância. Mais do que isso, o que nós estamos chamando de diretivas fica aparente hoje não porque a gestão fracassou no ambiente de trabalho, onde prolifera como nunca, mas porque a gestão econômica não pode ganhar a batalha que trava no campo da reprodução social. Aqui, a gestão encontra formas do que chamaremos de planejamento que resistem ao seu próprio esforço de impor uma compulsão de escassez através da apropriação dos meios de reprodução social. Nos sobcomuns do campo da reprodução social, os meios, ou seja, os planejadores, ainda são parte do plano. E o plano é inventar os meios em um experimento comum lançado de qualquer cozinha, qualquer quintal, qualquer porão, qualquer corredor, qualquer banco de praça, qualquer festa improvisada, todas as noites. Esse experimento contínuo com o informal, realizado pelos meios da reprodução social e sobre eles, enquanto devir das formas de vida, é o que queremos dizer com planejamento. Planejar nos sobcomuns não é uma atividade, não é pescar ou dançar ou ensinar ou amar, mas é a experimentação incessante com a presença futurial das formas de vida que possibilitam essas atividades. São esses meios que afinal foram roubados – quando foram dados voluntariamente – pelo socialismo estatal, cuja perversão do planejamento só não foi mais criminosa do que a implantação de diretivas na atual economia de comando.

É claro que as formas antigas de comando nunca desapareceram. O Estado carcerário ainda está em vigor, e as guerras estratégicas contra as drogas, a juventude, a violência e o terrorismo abriram espaço para as guerras logísticas dos drones e do crédito. Mas mesmo que esse comando estatal continue sendo horrível, agora ele delega seu poder a agentes aparentemente incontáveis e completamente contabilizáveis e responsabilizáveis que atuam como versões internas contemporâneas dos *knightriders* e dos colonos das antigas delegações da violência estatal. Ou ainda, já que os *nightriders*[3] e os colonos nunca desapareceram de fato, representando a continuação da segregação, do anticomunismo, da migração e da família nuclear heteropatriarcal em boa parte do Norte global, o que as diretivas representam é uma nova arma nas mãos desses cidadãos representantes. A lei Mantenha-se Firme (ou Proteja Seu Território) [*Stand Your Ground*][4] – porque o homem não foi feito para fugir, porque sua raça não foge, porque o colono

---

3 A expressão "*nightriders*" refere-se originalmente aos membros da Ku Klux Klan (KKK) que, mascarados e montados a cavalo, levavam a cabo atos de violência contra a população afro-americana e outras minorias durante a Guerra Civil estadunidense. Com o fim da escravidão, o objetivo dos *nightriders* passou a ser a intimidação política e o terrorismo contra minorias, em especial a negra, tendo promovido ondas de ataques em torno de 1915 e de 1950, em reação ao fortalecimento do Movimento por Direitos Civis. Organizações racistas contemporâneas inspiradas pela KKK adotaram o termo e acrescentaram o K, autodenominando-se "*knightriders*". [N. E.]

4 *Stand Your Ground* são um conjunto de leis válidas em vários estados estadunidenses que estabelecem que um cidadão legal não tem o dever de se afastar de uma situação percebida como conflituosa antes de usar força mortal para se defender. Essas leis são historicamente usadas para justificar a violência contra pessoas negras nos Estados Unidos, por exemplo no caso do jovem afro-americano Ralph Yarl, baleado na cabeça aos dezesseis anos em abril de 2023 quando, ao buscar seus irmãos mais novos, enganou-se de endereço e tocou a campainha da casa errada. [N. T.]

5. PLANEJAMENTO E DIRETIVAS

tem de enfeitiçar a rejeição e atacar o traço epidermizado de seu próprio desejo de refúgio – é só a mais notória iteração dessa renovada dispersão e delegação da violência estatal, direcionada aos bairros fugitivos e errantes dos sobcomuns.

Não satisfeito em abandonar o campo da reprodução social nem em condicioná-lo ao ambiente de trabalho, os dois movimentos sempre correlacionados da autonomia relativa do Estado capitalista, agora o capital quer estar por dentro. Ele teve um vislumbre do valor da reprodução social e quer controlar os meios, não somente convertendo-os em produtividade na industrialização formal do cuidado, da alimentação, da educação, do sexo etc., mas também ganhando acesso e controlando diretamente o experimento informal com a reprodução social da própria vida. Para isso, ele tem de destruir os planos em curso dos sobcomuns. E é aqui, com amarga ironia, que a esperança – da qual West ainda podia falar em 1984 e que mais tarde voltou à clandestinidade – é conjurada como uma imagem cuja inércia é também o que ela tem de monstruoso. Aquilo de que estamos falando, em sua sobrevivência, como planejamento, aparece, em seu declínio, como esperança, promovida contra nós sob uma forma ainda mais desvirtuada e reduzida pelo eixo Clinton-Obama durante grande parte dos últimos vinte anos.

Planejamento é autossuficiência no nível social e reproduz, em seu experimento, não só aquilo de que precisa, vida, mas também o que quer, vida na diferença, no exercício do antagonismo geral. O planejamento começa na solidez, na continuidade e no resto dessa autossuficiência social, embora não termine aí, colocando esses movimentos complexos em ação. Começa, como essa perturbação do começo, por aquilo que podemos chamar de preservação militante. E esses são seus meios. As diretivas recrutam aqueles que estão dispostos, aqueles que querem desarticular esses meios para controlá-los, da mesma forma que outrora foi necessário reduzir as habilidades do trabalhador na fábrica, desmantelando seus meios de produção. E as diretrizes fazem isso diagnosticando os planejadores. As diretivas dizem que há algo errado naqueles que planejam, algo profundamente – ontologicamente – errado. Essa é a primeira pulsão das diretivas como comando disperso e delegado. Qual é o problema com eles? Eles não querem mudar. Não aceitam mudar. Perderam a esperança. É o que dizem os representantes das diretivas. Eles precisam ter esperança. Precisam ver que a mudança é a única opção. Por mudança, o que os representantes das diretivas querem dizer é contingência, risco, flexibilização e adaptabilidade ao chão sem fundo do sujeito capitalista vazio, no âmbito da sujeição automática que é o capital. As diretivas, portanto, são organizadas no/na exclusivo/a e excludente uniforme/uniformidade da contingência como consenso imposto, que ao mesmo tempo rejeita e busca destruir os planos em andamento, as iniciações fugitivas, as operações negras da multidão.

Enquanto resistência de cima para baixo, as diretivas são um novo fenômeno de classe, porque o ato de fazer diretivas para os outros, de declarar que os outros são incorretos, é, ao mesmo tempo, uma audição para uma economia pós-fordista que os representantes acreditam que recompensar quem aceita a mudança, mas que, na verdade, prende essas pessoas na contingência, na flexibilidade e naquela precariedade administrada que se imagina imune ao que Judith Butler chamaria de nossa precariedade sobcomum. Essa economia é alimentada por uma insistência constante e automática na externalização do risco, na implantação de um risco de vida imposto de fora, de modo que o trabalho contra o risco possa ser colhido sem fim.

5. PLANEJAMENTO E DIRETIVAS

As diretivas são a forma adquirida pelo oportunismo nesse ambiente, como adesão ao caráter atual do comando, que é político e radicalmente extraeconômico. É uma demonstração da vontade de contingência, a disposição para ser tornado contingente e tornar contingente tudo ao redor de si. É uma demonstração projetada para separar você das outras pessoas, para benefício de uma universalidade reduzida a uma propriedade privada que não é sua, que é a ficção da sua própria vantagem. O oportunismo não vê outra saída, não tem alternativa, mas distingue-se por sua própria visão, por sua capacidade de ver o futuro de sua própria sobrevivência nesse tumulto contra aqueles que não conseguem imaginar sobreviver nesse tumulto (ainda que tenham de fazer isso o tempo todo). Para as diretrizes, aqueles que sobrevivem à brutalidade da mera sobrevivência não têm visão, estão presos num modo de vida essencialista e, nos casos mais extremos, não têm interesses, por um lado, e são incapazes de atitudes desinteressadas, por outro. Cada expressão de diretrizes, não importa sua intenção ou conteúdo, é, antes de mais nada, uma demonstração da habilidade de estar perto do topo da hierarquia da economia pós-fordista.

Como uma operação de cima para baixo, projetada para acabar com os meios de reprodução social e torná-los diretamente produtivos para o capital, as diretivas devem lidar primeiro com o fato de que a multidão já é produtiva por si própria. Essa imaginação produtiva é sua genialidade, sua cabeça coletiva impossível e, ainda assim, material. E isso é um problema, porque o plano está em marcha, as operações negras estão em vigor e, nos sobcomuns, toda a organização já foi feita. A multidão aproveita cada momento de calma, cada pôr do sol, cada momento de preservação militante, para planejar em conjunto, para lançar, para compor (em) seu tempo surreal. É difícil para as diretivas negarem diretamente esses planos, ignorar essas operações, fingir que aqueles que estão em movimento precisam parar e ter perspectiva, argumentar que, para fugir, as comunidades de base precisam acreditar na fuga. E, se isso é difícil para as diretivas, então também é igualmente para o próximo passo crucial: inculcar lentamente o valor da contingência radical, instruindo a participação na mudança de cima para baixo. Claro, alguns planos podem ser dispensados pelas diretivas – planos que nasceram mais escuros que o azul,[5] do lado da criminalidade, sem amor. Mas a maioria precisará de uma abordagem diferente do comando. Então como as diretivas tentam acabar com esses meios, essa preservação militante, todo esse planejamento? Depois do diagnóstico de que há algo profundamente errado com os planejadores, vem a prescrição: ajuda e correção. As diretivas vão ajudar. As diretivas vão ajudar na elaboração do plano e, mais que isso, vão corrigir os planejadores. As diretivas vão descobrir o que ainda não está teorizado, o que ainda não é totalmente contingente e, principalmente, o que ainda não é legível. As diretivas são correção, impõem-se com violência mecânica ao incorreto, ao incorrigível, aos que não sabem buscar a própria correção. As diretivas se distinguem do planejamento diferenciando aqueles que fazem parte das diretivas e consertam as coisas daqueles que fazem parte do planejamento e devem ser

---

5 No original: *darker than blue*. É uma referência à canção de Curtis Mayfield "We, the People, Darker than Blue", de 1970. As primeiras estrofes dizem: "We people who are darker than blue / Are we gonna stand around this town / And let what others say come true?" [Nós, as pessoas mais escuras que o azul / Vamos ficar plantadas nesta cidade / E deixar acontecer o que ditam os outros?]. O título faz referência às primeiras palavras da constituição americana: "We, the people", mas desafia a universalidade desse "nós" que não incluía (e não inclui) as pessoas "mais escuras que o azul". [N. T.]

5. PLANEJAMENTO E DIRETIVAS

consertados. Essa é a primeira regra das diretivas. Ela corrige os outros. Na extensão do trabalho de Michel Foucault, poderíamos dizer que a questão que acompanha essa primeira regra é o bom governo, é como consertar outros em posição de equilíbrio, mesmo que atualmente isso exija uma calibração constante. Mas os objetos desse ajuste constante provocam essa atenção porque simplesmente não querem governar, e muito menos ser governados, de nenhuma forma. Destruir esses meios de planejamento, e assim determiná-los de forma recombinada e privatizada, são o objetivo e a instrumentalidade necessários para as diretivas como comando. Elas querem massacrar todas as formas de preservação militante, destruir o movimento de repouso social – no qual o próximo plano será sempre potencial – com um sonho de potência assentada da colônia. É isso que hoje significa mudança, é para isso que servem as diretivas, quando elas invadem o domínio da reprodução social onde, como observou Leopoldina Fortunati há três décadas, a luta eclode.

E já que tais diretivas emergem materialmente do oportunismo pós-fordista, as diretivas devem permitir que todos os seus representantes aproveitem a oportunidade e consertem os outros como outros, como pessoas que não só erraram no planejamento (ou, na verdade, erraram por planejar) mas também são elas mesmas o erro. E, da perspectiva das diretivas, desse oportunismo pós-fordista, há de fato algo de errado com aqueles que planejam juntos. Eles estão desarticulados – em vez de se posicionarem constantemente em seu lugar de contingência, eles procuram solidez em espaços móveis a partir dos quais possam planejar, em porões nos quais possam imaginar, em amores aos quais possam se ater. Repetindo, isso não é só um problema político sob a perspectiva das diretivas, mas um problema ontológico. Tocando o chão que pisam, encontrando uma fuga anti- e antecontingente ao colocar os pés no chão, as diferenças escapam para suas próprias profundezas externas, sinalizando o essencialismo problemático dos que pensam e agem como se fossem alguma coisa em particular, embora ao mesmo tempo essa coisa seja, sob a perspectiva das diretivas, o que quer que digam que é, quer dizer, nada em particular.

Para sair desse problema do essencialismo, dessa rigidez e desse repouso coreográficos, dessa segurança, dessa base e dessa curva da linha do baixo, os planejadores devem imaginar que podem ser mais, que podem fazer mais, que podem mudar, que podem ser mudados. Afinal, eles continuam fazendo planos, e planos fracassam por uma questão de diretivas. Os planos devem fracassar porque os planejadores devem fracassar. Planejadores são estáticos, essenciais, apenas sobrevivem. Não veem com clareza. Ouvem coisas. Carecem de perspectiva. Não conseguem ver a complexidade. Para os representantes, os planejadores não têm visão, não têm esperança real para o futuro, só um plano aqui e agora, um plano realmente existente.

Eles precisam de esperança. Precisam de visão. Precisam erguer os olhos para além dos planos furtivos e dos lançamentos noturnos das suas vidas desesperadoras. Precisam de visão. Porque, da perspectiva das diretivas, é muito escuro para enxergar no coração preto dos sobcomuns. Você pode ouvir, pode sentir algo presente em sua criação. Mas os representantes podem trazer esperança, e a esperança pode elevar os planejadores e seus planos, os meios de reprodução social, à superfície, à luz, fora das sombras, longe dos sentidos escuros. Os representantes consertam os outros, não numa imposição sobre alguém, mas numa imposição de subjetividades, como objetos de controle e comando, quer a pessoa seja considerada capaz de subjetividade

5. PLANEJAMENTO E DIRETIVAS

ou não. Mesmo que lhes falte consciência ou política, utopia ou bom senso, a esperança chegou.

Depois de serem trazidos à luz e à sua própria nova visão, os planejadores se tornarão participantes. E os participantes aprenderão a rejeitar a essência para aceitar a contingência, como se planejamento e improvisação, flexibilidade e rigidez, complexidade e simplicidade se opusessem em uma imposição que não deixa escolha senão habitá-la, como um lar no exílio onde as diretivas sequestram a própria imaginação, onde um pode se proteger do outro. É crucial que os planejadores escolham participar. As diretivas são um esforço em massa. Intelectuais escreverão artigos em jornais, filósofos organizarão conferências sobre novas utopias, blogueiros debaterão e políticos conciliarão onde a mudança é a única constante das diretivas. Participar da mudança é a segunda lei das diretivas.

Atualmente, a esperança é uma orientação para essa participação na mudança, é essa participação como mudança. Essa é a esperança que as diretivas fazem penetrar como gás lacrimogêneo nos sobcomuns. As diretivas não só tentam impor essa esperança como também a põem em prática. Aqueles que habitam as diretivas o fazem não só invocando a contingência mas também ao embarcar nela, e assim, de alguma forma, provando-a. Aqueles que habitam as diretivas estão preparados. São legíveis para a mudança, responsáveis pela mudança, podem ser emprestados para a mudança. As diretivas não são exatamente uma posição, mas uma disposição, uma disposição para a exibição. É por isso que a principal manifestação das diretivas é a governança.

Governança não pode ser confundida com governo ou governabilidade. Governança é, acima de tudo, uma nova forma de expropriação. É a provocação de um certo tipo de exibição, uma exibição de interesses como desinteresses, uma exibição de convertibilidade, uma exibição de legibilidade. Governança é a instrumentalização das diretivas, é um conjunto de protocolos de delegação, no qual as pessoas simultaneamente se oferecem em leilão e dão lances para si mesmas, onde o público e o privado se submetem à produção pós-fordista. A governança é a colheita dos meios de reprodução social, mas aparece como um ato de livre-arbítrio – e, portanto, como pulsão de morte – dos que foram colhidos. Uma vez que o capital não pode conhecer diretamente o afeto, o pensamento, a sociabilidade e a imaginação que compõem os meios de reprodução social sobcomuns, ele deve sondar esses elementos para extraí-los e abstraí-los como trabalho. Essa sondagem, que é a própria bioprospecção, procura romper uma integridade que tem sido militantemente preservada. Governança, oferta voluntária, mas dissociativa de interesses, a participação solícita na privacidade geral e na privação pública, confere ao capital esse conhecimento, essa capacidade de gerar riqueza. As diretivas emitem essa oferta, violentamente manifestada como provocação moral. Aqueles que corrigiriam e aqueles que seriam corrigidos convergem nesse imperativo de submissão que é articulado constantemente não só no âmbito dos estabelecimentos correcionais analisadas por Foucault – as prisões, os hospitais, os manicômios – mas também em empresas, universidades e ONGs. Essa convergência se dá não só nas estruturas e afetos de guerras intermináveis mas também nos processos brutais e no processamento perpétuo da paz.

Governança, apesar de sua esperança em uma universalidade da exclusão, é para os iniciados, para aqueles que sabem como articular interesses desinteressados, aqueles que votam e sabem por que votam (não porque alguém é negro ou mulher, mas porque é inteligente), que têm opiniões e querem ser levados a sério

5. PLANEJAMENTO E DIRETIVAS

por pessoas sérias. Enquanto isso, as diretivas ainda devem buscar a esfera cotidiana dos planos secretos ao aberto. As diretivas opõem currículo e estudo, desenvolvimento infantil e brincadeiras, capital humano e trabalho. Opõem ter voz a ouvir vozes, amizade conectada a amizade por contato. As diretivas opõem a esfera pública, ou a esfera contrapública, ou a esfera pública negra, à ocupação ilegal do que foi ilegalmente privatizado.

As diretivas não são um contra muitos, o cínico contra o romântico ou o pragmático contra o íntegro. Elas são simplesmente uma visão sem base, costurada no tecido do colono. São contra toda conservação, todo repouso, toda aglomeração, contra cozinhar, beber e fumar, se levarem ao *marronage*. A visão das diretivas é quebrar para depois consertar, fazer avançar ao consertar, fabricar a ambição e dá-la às crianças. A esperança das diretivas é que haja mais diretrizes, mais participação, mais mudança. Mas também há um perigo nessa participação, o perigo de uma crise.

Quando aqueles que planejam juntos começam a participar sem antes serem consertados, isso leva à crise. Participação sem entrar plenamente na luz ofuscante desse iluminismo turvo, sem famílias plenamente funcionais e sem responsabilidade financeira, sem respeito pela lei, sem distância e ironia, sem submissão às normas da técnica – uma participação barulhenta demais, gorda demais, carinhosa demais, plena demais, fluída demais, assustadora demais –, isso leva à crise. As pessoas estão em crise. As economias estão em crise. Estamos lidando com uma crise sem precedentes, uma crise de participação, uma crise de fé. Há esperança? Sim, há esperança, dizem os representantes, se nos juntarmos, se pudermos compartilhar um horizonte de mudança. Para as diretivas, qualquer crise na produtividade da contingência radical é uma crise de participação, ou seja, uma crise provocada pela participação errada dos errados (por terem sido injustiçados). Essa é a terceira regra das diretivas.

A crise do cálculo de crédito causada por devedores *sub-prime*, a crise racial na eleição norte-americana de 2008, causada pelo reverendo Wright e por Bernie Mac, a crise no Oriente Médio, causada pelo Hamas, a crise da obesidade, causada por quem come mal, a crise do meio ambiente, causada pelos chineses e pelos indianos, todas essas crises são instâncias de participação incorreta e não corrigida. A materialização constante do planejamento em tal participação é simplesmente a inevitabilidade da crise, de acordo com os representantes, que prescrevem, como corretivo, a esperança na correção e a esperança pela correção. Eles dizem que a participação deve ser cheia de esperança, deve ter visão, deve aceitar a mudança, que os participantes devem ser moldados, em uma imposição geral de automoldagem, como agentes da mudança visionários e esperançosos. Ao celebrar sua liberdade em confinamento na zona do empreendedorismo, protegendo aquela contingência capturada onde a moldagem e a correção de si mesmos e dos outros está sempre no automático, o participante é o reflexo do representante.

Os representantes abrirão o caminho para as mudanças concretas diante da crise. Seja inteligente, dizem. Acredite na mudança. Era isso que estávamos esperando. Pare de criticar e proponha soluções. Bloqueie a rua e organize oficinas. Verifique carteiras de identidade e dê conselhos. Faça a distinção entre o desejo de corrigir e o desejo de planejar com os outros. Busque impetuosamente e tome cuidado com a preservação militante, em um sobcomuns de meios sem fins, de amor cercado de coisas. Está na hora de se declarar e, ao fazer isso, moldar-se corretamente como aquele que foi delegado para corrigir os outros. A hora é agora, antes que a noite caia

5. PLANEJAMENTO E DIRETIVAS

novamente. Antes que você comece a cantar outra fantasia semianalfabeta. Antes que você faça ressoar aquela amplificação contínua do fundo, as operações no limite do centro ameno do ritmo normal. Antes que alguém diga: "Vamos nos juntar e pegar um pedaço de terra". Mas não somos pessoas inteligentes. Nós planejamos. Planejamos ficar para nos adaptar e continuar. Planejamos ser comunistas sobre o comunismo, ser desreconstruídos sobre a reconstrução, ser absolutos sobre a abolição, aqui, nesse outro lugar sobcomum, como aquela outra coisa sobcomum, que preservamos ao habitar. As diretivas não podem vê-la, não podem lê-la, mas é inteligível se você tiver um plano.

6.
FANTASIA NA APREENSÃO DO PORÃO DO NAVIO

LOGÍSTICA, OU O EMBARQUE

Trabalhar hoje é ser cada vez mais solicitado a fazer sem pensar, sentir sem se emocionar, mover-se sem atrito, adaptar-se sem questionar, traduzir sem pausas, desejar sem propósito, conectar-se sem interrupção. Pouco tempo atrás, muitos dissemos que o trabalho atravessava o sujeito para explorar suas capacidades sociais, para espremer mais poder laboral do nosso trabalho. A alma desceu ao chão da fábrica, como escreveu Franco "Bifo" Berardi, ou ascendeu como um palestrante virtuoso que fala sem partitura, como sugeriu Paolo Virno. Mais prosaicamente, ouvimos o empreendedor, o artista e o acionista sendo propostos como os novos modelos de subjetividade propícios a canalizar o intelecto geral. Mas hoje somos levados à questão: por que se preocupar com o sujeito, por que passar por tais seres para chegar ao intelecto geral? E por que limitar a produção a sujeitos, que, afinal, são uma parte ínfima da população, uma história ínfima da intelectualidade de massa? Sempre houve outras formas de colocar os corpos para trabalhar, ou mesmo para manter o capital fixo desses corpos, como diria Christian Marazzi. E, de todo modo, para o capital, o sujeito se tornou pesado demais, lento demais, propenso demais ao erro, controlador demais, sem falar de sua forma de vida rarefeita demais, especializada demais. Contudo não somos nós que formulamos essa pergunta. Essa é a pergunta motriz, automática, insistente do campo da logística. A logística quer dispensar inteiramente o sujeito. É o sonho dessa ciência capitalista recém-dominante. Essa é a pulsão da logística e dos algoritmos que impulsionam aquele sonho, a mesma pesquisa algorítmica citada por Donald Rumsfeld em seu discurso sobre as coisas desconhecidas que desconhecemos,[1] um discurso monótono, bastante ridicularizado, que anunciou a concepção de uma guerra de drones. Porque não é que os drones são não tripulados para proteger os pilotos estadunidenses. Eles são não tripulados porque pensam rápido demais para pilotos estadunidenses.

Hoje esse campo da logística está em busca do intelecto geral em sua forma mais concreta, isto é, sua forma potencial, sua informalidade, quando qualquer tempo e qualquer espaço e qualquer coisa pode acontecer, pode ser a próxima forma, a nova abstração. A logística não se satisfaz mais com diagramas ou fluxos, cálculos ou previsões. Ela quer viver já na própria concretude do espaço, do tempo, da forma. Devemos nos perguntar de onde vem essa ambição e como é capaz de imaginar que pode estar no concreto ou se aproximar dele, do mundo material em sua informalidade, da coisa antes da qual não há nada. Como a logística se propõe a habitar nada e por quê?

A ascensão da logística é rápida. De fato, ler hoje no campo da logística é ler um campo que está em alta, um campo dominador. Nas ciências militares e na engenharia, é claro, mas também nos estudos de negócios e nas pesquisas de gestão; a logística está em todos os lugares. E, para além dessas ciências capitalistas clássicas, sua ascensão ecoa a-historicamente nos campos emergentes da filosofia orientada a objetos [*object-oriented philosophy*] e da neurociência cognitiva, nas quais as condições logísticas de produção de conhecimento passam desapercebidas, mas não seus efeitos. Nas ciências militares, o mundo virou de cabeça para

---

1 "Há coisas desconhecidas que desconhecemos" é parte da resposta que o Secretário de Defesa dos Estados Unidos, Donald Rumsfeld, deu a uma pergunta sobre a falta de evidências ligando o governo do Iraque ao fornecimento de armas de destruição em massa em um evento com a imprensa em 12 de dezembro de 2002. [N. T.]

6. FANTASIA NA APREENSÃO DO PORÃO DO NAVIO

baixo. Tradicionalmente, a estratégia guiava e a logística acompanhava. Os planos de batalha ditavam as rotas de abastecimento. Não mais. A estratégia, aliada e parceira tradicional da logística, é hoje cada vez mais reduzida a dano colateral na pulsão da logística por dominação. Numa guerra sem fim, numa guerra sem batalhas, somente a habilidade de continuar lutando – somente a logística – importa.

E, assim, a inovação nos negócios também se tornou logística e não mais estratégica. A inovação nos negócios, é claro, não vem dos negócios. Mais frequentemente, vem de estratégias militares de resistência aos seus próprios exércitos que foram livremente transferidas para os negócios. Antigamente, isso consistia em transferir inovações, como linha, formação e cadeia de comando, das ciências militares para a fábrica e o escritório, ou transferir as guerras psicológicas e propagandísticas para as relações humanas e o marketing. Eram livres transferências de inovação estratégicas que os gerentes tinham de justificar e manter. Não mais. Da internet ao contêiner despachado, tudo indica, por sua permanência durante as guerras frias e as guerras ao terror que sempre levam à falência da estratégia, que são as transferências logísticas livres que importam. A conteinerização estava falhando como inovação nos negócios até o governo estadunidense usar contêineres para enviar armas, bebidas e drogas a suas tropas no Sudeste Asiático a fim de evitar que elas matassem seus próprios comandantes e manter uma guerra que não podia ser ganha estrategicamente. Os que sonhavam com a internet, se não os que a construíram, estavam preocupados precisamente com a corrupção da inteligência que o surto de democracia, conforme definiu a Comissão Trilateral, possibilitou nos anos 1970. A Arpanet [Advanced Research Projects Agency Network], uma rede de coleta de informações, não podia se distrair com sexo ou ideologia, muito menos com a poderosa combinação dos dois. Ela não se confundiria com o surto de democracia. E adotou uma acumulação interminável de inteligência para uma guerra interminável que muitos não queriam lutar. Ao desafio de Toni Negri – mostre-me uma inovação nos negócios e eu lhe mostrarei uma rebelião de trabalhadores –, poderíamos adicionar uma pré-história do temor do Estado em relação a sua própria força de trabalho.

A conteinerização representa o que se deveria denominar a primeira onda de inovações regulatórias como logística, que se move paralelamente à primeira onda de financeirização, a outra resposta que o capitalismo deu a essas insurgências, além da repressão violenta. De fato, a logística e a financeirização trabalharam juntas em ambas as fases da inovação, *grosso modo* com a primeira trabalhando na produção pelos corpos e a segunda renovando o sujeito da produção. A financeirização é talvez a mais conhecida das duas estratégias de resistência à rebelião, com uma primeira fase de venda de fábricas e ativos estatais e uma segunda de venda de casas e bancos, somente para alugá-los de volta a crédito em ambas as instâncias, por meio de um tipo de penhor global. O efeito desejado foi a reorganização de todos os sujeitos ligados a tais objetos penhorados em relatórios de crédito[2] falantes e ambulantes que contratam seu próprio contágio financeiro, como sugerem de formas diferentes Randy Martin e Angela Mitropoulos, produzindo, ao final, uma enti-

---

2 Nos Estados Unidos, para ser elegível para alugar apartamentos, conseguir um empréstimo ou fazer qualquer operação financeira grande a pessoa física deve ter um bom relatório de crédito, ou seja, pontos que ela acumula durante a vida ao pagar suas dívidas em dia, como a fatura do cartão de crédito, por exemplo. [N. T.]

6. FANTASIA NA APREENSÃO DO PORÃO DO NAVIO

dade viciada em afetos financeiros que acaba sendo mais objeto logístico que sujeito estratégico.

Mas, enquanto isso, a logística em si não tinha nenhum interesse duradouro nesse sujeito financeirizado ou na sua reorganização. A logística buscava um prêmio maior, algo que sempre a perseguiu, mas que se tornou mais palpável na onda dupla que produziu as populações logísticas quando os contêineres conseguiram dominar os mares, as estradas e os trilhos com informação, afeto e sentido, disparados através da carne da mesma forma que de outros objetos, novamente numa escala e numa forma impossíveis de ignorar. O prêmio parecia quase ao alcance. É claro que essa fantasia com o que Marx chamou de sujeito automático, a fantasia com um capital que existiria sem trabalho, não é nova, mas é continuamente explorada no nexo entre o capital financeiro, a logística e o terror da subjetividade patrocinada pelo Estado que se estabelece em diversos festivais de outorgas e retratações. Hoje ele é marcado pelo termo capital humano. O capital humano poderia parecer uma categoria estratégica, envolvida, como sugere Michel Feher, numa estratégia de investimento e especulação do ser e no ser. Mas, como recorda Marina Vishmidt, o sujeito automático do capital que o capital humano tenta imitar é um sujeito vazio, um sujeito dedicado a esvaziar-se, precisamente ao expelir a negatividade do trabalho, ao exilar aquele que, ao ser menos e mais que um só, é sua imagem, seu outro, seu duplo, os portadores de uma generatividade sem reservas. Hoje o capital humano é o substituto do sujeito automático, executando seu engajamento com as habilidades da financeirização e da logística diárias, ambas as quais agem sobre ele como se ele fosse um impedimento para o movimento e não um veículo em movimento. Ou seja, o capital humano parte do sujeito estratégico do neoliberalismo e generaliza, por meio da autopunição, a renúncia que o sujeito impõe ritualisticamente ao seu interior exilado, fazendo de si um objeto poroso que ainda fala como um sujeito, como se fosse uma performance burlesca do sonho filosófico da reconciliação derradeira. É por essa razão que o capital humano não pode ser objeto de uma estratégia nem ser gerido de fato, no sentido tradicional do termo, e, portanto, em lugar disso, podemos ver o esvaziamento do campo da estratégia empresarial, inclusive o declínio do MBA [Master in Business Administration], e a ascensão dos "estudos de liderança". Atualmente, os estudos de liderança envergam as prateleiras das livrarias e imperam entre os estudantes de administração, mas a liderança não faz a gestão de nada. Trata-se da evacuação da gestão pela estratégia, numa tentativa desesperada de manter o controle do ganho privado proveniente de uma forma de produção social sob o capital que está se tornando automática e, por isso, não tanto ingerível como autogerida. O que se abriu foi um curso para e na logística geral. Entender a logística é entender o desejo declarado de livrar-se do que a logística chama de "agente de controle", libertar o escoamento de bens do "tempo humano" e do "erro humano". O algoritmo ganancioso do vendedor viajante ainda necessita de intervenção estratégica, porque ele não consegue evoluir sempre que aparecem novos problemas, a não ser que se considere como evolução a capacidade do contido de destruir – ou sua incapacidade que abre margem para autodestruição. Ele não pode resolver, por exemplo, o problema do viajante no Canadá, onde as estradas desaparecem sob a neve e surgem novos problemas para o movimento eficiente dos caminhões. É aqui que os algoritmos genéticos e evolutivos desenvolvem uma roupagem mais lamarquiana que darwiniana. Mas uma coisa é certa. A estratégia agora bloqueia a estrada tal

6. FANTASIA NA APREENSÃO DO PORÃO DO NAVIO

qual a neve bloqueia a estrada para Sudbury. Para a logística, o sujeito de qualquer coisa, como o denomina Michael Hardt, deve submeter-se ao objeto de qualquer coisa. As populações logísticas serão criadas para fazer sem pensar, para sentir sem se emocionar, para mover-se sem atrito, para adaptar-se sem questionar, para traduzir sem pausas, para conectar-se sem interrupção, ou serão desmontadas e desabilitadas como corpos, da mesma forma que montadas pelo que Patricia Clough chama de racismo populacional. A partir daí, a logística é mestre de tudo o que ela chega a alcançar.

O que poderia, contudo, parecer uma viagem tranquila, águas rasas, existência rasa, não é tão plácido. A incerteza rodeia a apreensão [*holding*] das coisas e, da maneira como descreve Luciana Parisi, para a qual o algoritmo gera sua própria crítica, a logística descobre tarde demais que o mar não tem porta dos fundos. E trata-se não apenas da classe dos *greedoids*, os indivíduos possessivos do mundo algorítmico, mas também desses novos algoritmos genéticos e evolucionários, cuja própria premissa é que deve haver algo mais, algo que eles intuem que continua fora do seu alcance. Esses algoritmos são definidos por aquilo que eles ainda não são e nunca poderão se tornar plenamente, apesar dos sonhos dos seus eugenistas materialistas. Toda tentativa da logística de dissipar a estratégia, de banir o tempo humano, de conectar sem passar pelo sujeito, de sujeitar sem lidar com as coisas, resiste a algo que já resistia a ela, ou seja, a resistência que fundamenta a logística moderna. Preocupada em mover objetos e mover-se por objetos, a logística remove a si mesma da informalidade que fundamenta seus objetos e a si mesma. Há algo (ou alguma coisa) que a logística está sempre buscando.

LOGISTICALIDADE, OU OS EMBARCADOS

De onde a logística tirou essa ambição de conectar corpos, objetos, afetos, informações, sem sujeitos, sem a formalidade dos sujeitos, como se pudesse reinar soberana sobre o informal, o concreto e a indeterminação generativa da vida material? A verdade é que a logística moderna nasceu assim. Ou, mais precisamente, ela nasceu na resistência a essa ambição, a esse desejo, a essa prática do informal, e foi tomada como aquisição de tudo isso. A logística moderna foi fundada com o primeiro grande movimento de *commodities*, aquelas que podiam falar. Foi fundada no comércio de escravos do Atlântico e contra os escravos do Atlântico. Passando da acumulação da pilhagem dos exércitos para a acumulação primitiva do capital, a logística moderna foi marcada a ferro, cauterizada com o transporte do trabalho de *commodity* que não foi, e nunca mais seria, independente de quem estava apreendido naquele porão [*hold*] ou conteinerizado naquele navio. Desde a heterogênea tribulação que seguiu os vestígios vermelhos dos navios negreiros até os prisioneiros embarcados para as colônias de assentamento, as migrações em massa da industrialização nas Américas, os escravos por contrato da Índia, da China e de Java, os caminhões e os navios a caminho do norte, percorrendo o Mediterrâneo ou o Rio Grande, as passagens só de ida das Filipinas para os países do Golfo, ou de Bangladesh para Singapura, a logística sempre foi o transporte da escravidão, não da mão de obra "livre". A logística permanece, como sempre, o transporte de objetos apreendido no movimento das coisas. E o transporte das coisas continua, como sempre, sendo a ambição irrealizável da logística.

A logística não pôde conter o que ela havia relegado ao porão. Não pode. Robert F. Harney, historiador da migração "de baixo para cima", costumava dizer que, uma vez que você cruza o Atlântico, nunca mais volta a estar do lado certo. B. Jenkins, uma migrante enviada pela história, costumava girar um círculo quebrado no chão do porão para apaziguar os ânimos quando recebia seus estudantes, suas panteras. Nenhum ponto de vista era suficiente, nenhum ponto de vista estava certo. Ela, as mães e os pais deles lavraram os mesmos campos, queimaram as mesmas estradas no deserto, preocuparam-se com a mesma união meramente culinária. Harney levou em conta as pessoas que migraram em massa do sul e leste da Europa na virada do século XIX, enlouquecidas pelo anúncio da modernidade logística. Nenhum ponto de vista. Se o trabalho de *commodities* pudesse ter um ponto de vista, um ponto de vista no qual a abolição fosse necessária, o que se poderia dizer daqueles que já haviam sido libertados e continuaram lá? Se o proletariado estivesse localizado num ponto dos circuitos do capital, num ponto do processo de produção no qual ele teria uma visão peculiar da totalidade capitalista, o que se poderia dizer daqueles que estavam localizados em cada ponto do processo de produção, ou seja, em nenhum ponto? O que dizer dos que não eram só trabalho, mas também *commodity*, não estavam só em produção, mas também em circulação, não só em circulação, mas também em distribuição como propriedade, não eram só propriedade, mas também propriedade que se reproduz e se realiza? O ponto de vista de nenhum ponto de vista, em todos os lugares e em nenhum lugar, do nunca e do devir, de coisa e de nada. Se pensavam que o proletariado seria capaz de explodir as fundações, o que dizer dos embarcados, dos conteinerizados? O que essa carne poderia fazer? De alguma forma, a logística sabe que não é verdade que não sabemos o que a carne pode fazer. Há uma capacidade social para substanciar repetidamente a exaustão do ponto de vista como fundamento sobcomum que a logística entende como incognoscível, calcula como uma ausência que ela não pode obter, mas nem por isso deixa de almejar, uma ausência que ela não pode – mas sempre almeja – ser, ou ao menos almeja acercar-se dela, ou cercá-la. A logística pressente essa capacidade como nunca antes – esse legado histórico insurgente, essa historicidade, essa logisticalidade dos embarcados.

A modernidade é suturada por esta apreensão do porão. Esse movimento das coisas, dos objetos não formados, dos objetos deformados, nada ainda e já. Esse movimento de nada não é somente a origem da logística moderna, mas o anúncio da própria modernidade, e não só o anúncio da própria modernidade, mas a profecia insurgente de que toda a modernidade terá no seu coração, no seu próprio porão, esse movimento das coisas, essa interditada e proscrita vida social de nada. O trabalho de Sandro Mezzadra e Brett Neilson sobre fronteiras, por exemplo, nos lembra que a proliferação de fronteiras entre Estados, dentro de Estados, entre pessoas, dentro das pessoas, é uma proliferação de Estados sem Estado. Essas fronteiras se arrastam em direção ao movimento das coisas, batem em contêineres, chutam albergues, perturbam acampamentos, gritam para os fugitivos, buscando o tempo todo canalizar esse movimento das coisas, essa logisticalidade. Mas isso não acontece, as fronteiras não conseguem ser coerentes, porque o movimento das coisas não será coerente. Essa logisticalidade não será coerente. Trata-se de uma desorientação *queer*, como diz Sara Ahmed, uma ausência de coerência, mas não de coisas, na presença móvel de absolutamente nada. Como nos ensina Frank B. Wilderson III, o imperativo improvisatório é, portanto, "permanecer no porão do navio, apesar das minhas fantasias de fuga".

6. FANTASIA NA APREENSÃO DO PORÃO DO NAVIO

Mas isso é para dizer que há escapes de fantasia no porão do navio [*hold*]. A fuga ordinária e a corrida fugitiva do laboratório da linguagem, o espaço brutalmente experimental da fonografia negra. A totalidade paraontológica está em processo de formação. Presente e desfeita na presença, a negridade é um instrumento em formação. *Quasi una fantasia* em um desvio paralegal, uma trança feita por um louco, a imaginação não produz nada além de extrassentidos [*exsense*][3] no porão. Você se lembra dos tempos da escravidão? Nathaniel Mackey diz com razão: "O mundo sempre esteve / em outro lugar / de jeito / nenhum onde estávamos / estava lá".[4] De jeito nenhum onde estamos está aqui. Onde estávamos, onde estamos, é o que queremos dizer com "mu", que Wilderson chamaria corretamente de "o vazio da nossa subjetividade". E assim permanecemos no porão, na quebra, como se estivéssemos entrando, várias e várias vezes, no mundo quebrado, para traçarmos a companhia visionária e nos juntarmos a ela. Essa ilha contrapontística, onde ficamos abandonados [*marooned*] em nossa busca pelo *marronage*, onde permanecemos em emergência apátrida, em nossa célula lisada e em nosso deslocamento capturado, nossa perspectiva alucinada e nossa capela lírica, em (no) estudo da nossa variante marítima, enviados por sua pré-história à chegança sem chegada, como uma poética do saber popular, de articulação anormal, onde a relação entre a articulação e a carne

---

3 Segundo Harney e Moten, "*exsense* é um jogo com a palavra *nonsense* [sem sentido]. Neste capítulo, nadamos contra a corrente de Kant. Queremos pensar na intra-ação, ou o campo traducional, da imaginação e da fantasia. Quanto a isso, *exsense* deve indicar (a partilha d')os sentidos, mas também se engajar com a noção de sentido como forma de intelecção que a palavra *nonsense* é muitas vezes usada para negar". [N. T.]

4 No original, "The world was ever after / elsewhere, / no / way where we were / was there". [N. T.]

é a distância entrelaçada de um momento musical que é enfaticamente, palpavelmente imperceptível e, portanto, difícil de descrever. Tendo desafiado a degradação, o momento se torna uma teoria do momento, do sentimento de uma presença que é inapreensível na forma que toca. Esse momento musical – o momento do advento, da natividade em toda a sua terrível beleza, na alienação que sempre já nasce em e como *parousia* – é uma descrição/teoria rigorosa e precisa da vida social dos embarcados, o terror do gozo em suas dobras infinitamente redobradas. Se tomarmos as ferramentas desesperadamente imprecisas da navegação padrão, o cálculo mortal dos motores das diferenças, os relógios marítimos e as tabelas de garantias condenadas, podemos dar de cara com tal momento entre o segundo e o terceiro minuto de "Mutron", um dueto de Ed Blackwell e Don Cherry gravado em 1982. Saberemos identificá-lo por como ele exige que se pense na relação entre a fantasia e o nada [*nothingness*]: o que é confundido com um silêncio é, de repente, transubstancial. A interação brutal entre o advento e a câmara demanda o incitamento contínuo de uma imaginação fluída e recursiva. Fazer isso é habitar uma arquitetura e sua acústica, mas habitá-la como numa abordagem exterior, não somente residir em sua inabitabilidade, mas também descobri-la e adentrá-la. Mackey, no prefácio de seu insuportavelmente belo *Splay Anthem*, esboçando a proveniência e a relação entre as duas metades do livro ("O ímpeto de cada uma veio do fragmento de música que lhes dá título: 'Song of the Andoumboulou' [Canção dos Andumbulu], dos dogon, e 'Mu', First Part ['Mu', primeira parte], e 'Mu', Second Part ['Mu', segunda parte]", de Don Cherry [e Ed Blackwell]"). Mackey fala de mu em relação com um círculo, uma espiral ou uma sineta, essa circularidade ou rondó que liga começo e fim, e com os lamentos que acompanham a entrada e a expulsão da sociabilidade. Mas esse falar nos leva

6. FANTASIA NA APREENSÃO DO PORÃO DO NAVIO

a indagar se a música, que não é somente música, é mobilizada no serviço de uma excentricidade, de uma força centrífuga cuja insinuação é também abordada por Mackey, marcando a existência extática da socialidade além do começo e do fim, dos fins e dos meios, onde as pessoas se interessam pelas coisas, por uma certa relação entre a coisidade [*thingliness*], o nada e a negridade que se manifesta em um consenso e uma consensualidade não mapeada, não mapeável e sobcomum. A negridade é o lugar onde o absoluto nada e o mundo das coisas convergem. A negridade é a fantasia na apreensão do porão do navio [*in the hold*] e o acesso de Wilderson a ela está no fato de que ele não tem nada e, portanto, é, ao mesmo tempo, mais e menos que um só. Ele é o embarcado. Nós somos os embarcados, se escolhermos sermos embarcados, se escolhermos pagar um preço insuportável, que é inseparável de um benefício incalculável.

Como você reconheceria o acompanhamento antifônico da violência gratuita – o som que pode ser ouvido como se fosse uma resposta a essa violência, o som que deve ser ouvido como aquilo a que essa violência responde? A resposta, o desmascaramento, é mu, não porque nesta sua oposição imposta a algo nada é entendido simplesmente como se cobrisse – tal qual uniforme epidérmico – (algum) ser (superior), sendo, portanto, relativo (contrário ao que Nishida Kitaro chamaria de absoluto), mas porque nada (essa interação paraontológica entre a negridade e o nada, essa socialidade estética dos embarcados, essa logisticalidade) permanece inexplorado, porque não sabemos o que queremos dizer com isso, porque não se trata de uma categoria nem para a ontologia nem para a análise sociofenomenológica. Como seria se isso fosse entendido em sua imprópria recusa de termos, a partir do ponto de vista exaurido que não *é* e que não é o seu próprio? "Atribuímos", diz Fanon, "uma importância fundamental ao fenômeno da linguagem. É por essa razão que julgamos necessário este estudo da linguagem, que pode nos fornecer um elemento para a compreensão do ser--para-outro do homem negro. Uma vez que falar é existir absolutamente para o outro." Além disso, ele diz que "[o] homem negro possui duas dimensões. Uma com seu semelhante e outra com os brancos". Mas isso não é simplesmente uma questão de perspectiva, já que aquilo a que nos referimos é esse ser radical fora de si mesmo da negritude, para o lado, para dentro, para fora da imposição externa. A perspectiva, o território do lar, *chez lui* – a tradução errada de Markman, inexata, obtusa, porém perspicaz, é iluminadora, *entre os seus*, significando uma relacionalidade que desloca a impossibilidade, já deslocada, de um lar. Será que esse estar junto no desamparo, essa interação com a recusa do que foi recusado, essa aposicionalidade sobcomum pode ser um lugar de onde emerge não a consciência própria ou o conhecimento do outro, mas uma improvisação que procede de algum lugar do outro lado de uma pergunta não articulada? Não simplesmente estar entre os seus, mas estar entre os seus na privação, estar entre aqueles que não podem possuir, os que não têm nada e que, não tendo nada, têm tudo. Esse é o som de uma pergunta não articulada. Um coro contra a aquisição, canto e gemido e cantilena [*Sprechgesang*], babel e balbucio e blablablá, lagarteando à beira de um ribeirão ou riacho em Camarillo, cantando para ele, cantando sobre ele, cantando com ele, para o pássaro do bico torto, o gancho produtivo de *le petit nègre*, o arpão cômico[5] do crioulinho [*little*

---

5 Referência à cantiga de ninar racista norte-americana "Ten Little Niggers". [N. T.]

6. FANTASIA NA APREENSÃO DO PORÃO DO NAVIO

nigger],[6] o trapaceiro cósmico da linguagem, o incêndio e o saque[7] do *pidgin*, a conversa do Bird,[8] a conversa do Bob, a conversa do bardo, a conversa do bar, a conversa do bebê, a conversa de B, preparando a mente dos pequenos metalúrgicos de cor para meditar. Vamos lá, acesse essa informação dura e serial, essa confusão brutalmente bela de intricação carcerária, essa sequência de porões [*holds*] e o que é apreendido [*held*] na vizinhança fônica do porão. Aquela espiral a que Mackey se refere sofre quebras e desmoronamentos, imposição de ângulos irracionalmente racionalizados, compartimentos que não contêm nada mais do que alento e agressão em uma intimidade acossada, assombrada, sem gênero. Existirá uma forma de propulsão por compulsão contra o domínio da nossa própria velocidade que cause uma ruptura tanto na recursão como no avanço? Qual é o som dessa sequência? Como é vista essa aposição? O que resta da excentricidade depois que a transmissão entre perda e restauração tem sua opinião e sua canção? Na

---

6   Apesar de a palavra racista "*nigger*" ser usada para se referir a qualquer pessoa de ancestralidade africana, é normalmente direcionada a pessoas negras que supostamente têm certas características negativas. A caricatura do "*coon*", por exemplo, representa homens negros como preguiçosos, ignorantes e obsessivamente indulgentes. Já a caricatura do bruto representa homens negros como raivosos, fisicamente fortes, animalizados e propensos à violência gratuita. Por sua vez, as caricaturas de "Tom" e "Mammy" representam negros como gentis, amigos carinhosos dos brancos, intelectualmente infantis e fisicamente repulsivos. Todas essas características estão implícitas na palavra "*nigger*", usada como atalho para dizer que negros possuíam características morais, intelectuais, sociais e físicas inferiores. [N. T.]

7   Referência à música de Bob Marley & The Wailers, *Burnin' and Lootin'*, de 1973. [N. T.]

8   "Bird", literalmente "pássaro", era o apelido do saxofonista e compositor norte-americano Charlie Parker Jr. (1920–55). [N. T.]

ausência de cortesia, na exaustão, há uma sociedade de amigos na qual tudo pode se converter em dança para o escuro, em ser abraçado e alçado, no que nunca foi silêncio. Você consegue ouvi-los sussurrar o toque uns dos outros?

HAPTICALIDADE, OU AMOR

Nunca estar do lado certo do Atlântico é uma sensação de desassentamento, a sensação de que uma coisa se desassenta com outras. É uma sensação que, se você viajar com ela, produz uma certa distância em relação aos assentados, àqueles que se determinam no tempo e no espaço, que se situam numa história determinada. Ter sido embarcado é ter sido deslocado por outros, com outros. É sentir-se em casa com o desabrigo, à vontade com o que é fugitivo, em paz com o que é perseguido, em harmonia com aqueles que consentem em não ser um só. Coisas proibidas, interditadas e íntimas do porão, do contágio conteinerizado, a logística externaliza a própria lógica para chegar até nós, mas isso não é suficiente para chegar à lógica social, à *poesis* social, passando pela logisticalidade.

Porque, se certas habilidades – conectar-se, traduzir, adaptar--se, viajar – foram forjadas no experimento do porão do navio, elas não eram o seu objetivo. Como canta David Rudder, "how we vote is not how we party" [não votamos como festejamos]. O terrível dom do porão foi reunir sentimentos espoliados em comum, foi criar um novo sentir nos sobcomuns. Antes, esse tipo de sentimento era só uma exceção, uma aberração, um xamã, uma bruxa, um vidente, um poeta entre outros, que sentia através dos outros, através de outras coisas. Antes, salvo nessas instâncias, o sentimento era meu ou era seu. Mas no porão, nos sobcomuns de um novo sentir, um outro tipo de sentimento se tornou comum. Essa forma de sentir não era coletiva, não era dada a decisões, não aderia ou reagia ao assentamento, nação, Estado, território ou anedota histórica, tampouco foi retomada pelo grupo, que já não podia sentir como se fosse um só, reunificado no tempo e no espaço. Não, quando o Black Shadow canta "are you feelin' the feelin'?" [você está sentindo o sentimento?], ele está falando de outra coisa. Ele está falando de um modo de sentir através dos outros, uma sensação de sentir os outros sentindo você. Esse é o sentimento insurgente da modernidade, a carícia herdada, a conversa epidérmica, o toque da língua, a pronúncia com alento, o riso com a mão. Esse é o sentimento que nenhum indivíduo pode suportar e que nenhum Estado pode aceitar. Esse é o sentimento que podemos chamar de hapticalidade.

Hapticalidade, o toque dos sobcomuns, a interioridade do sentimento, a sensação de que o que está por vir já está aqui. Hapticalidade, a capacidade de sentir através dos outros, dos outros de sentirem através de você, de você senti-los sentindo você, esse sentimento dos embarcados não é regulado, ao menos não com sucesso, por um Estado, uma religião, um povo, um império, um pedaço de terra, um totem. Ou talvez se possa dizer que esses elementos são hoje recompostos no rastro [wake] dos embarcados. Sentir os outros é algo sem mediação, imediatamente social, entre nós mesmos, o nosso lance, e até quando recompomos a religião ela vem de nós, e mesmo quando recompomos a raça fazemos isso como uma raça, mulheres e homens. Quando recusamos essas coisas, primeiro recusamos a eles, no contido, entre os contidos, deitados juntos no navio, no vagão, na prisão, no albergue. A pele, contra a epidermização, prevê o toque. Colocados juntos, tocando uns aos outros, negaram-nos todo sentimento, negaram-nos todas as coisas que deveriam produzir sentimento: família, nação, língua, religião, lugar, lar. Apesar de forçados a tocar e sermos tocados, a sentir e sermos sentidos naquele espaço de não espaço, apesar de negados sentimento, história e casa, nós sentimos uns aos outros, uns pelos outros.

Um sentir, um sentimento com sua própria interioridade, ali na pele, a alma não mais dentro, mas lá, para todos ouvirem, para todos mexerem. O *soul* é um meio para essa interioridade da pele, seu remorso é o lamento da hapticalidade partida, seus poderes autorregulatórios são o convite para construir a sentimentalidade juntos outra vez, sentindo uns aos outros outra vez, como festejamos. Essa é a nossa hapticalidade, o nosso amor. Isso é amor pelos embarcados, amar como os embarcados.

Há um toque, um sentir que faz querer mais, que liberta. O mais próximo que Marx chegou do antagonismo geral foi quando disse: "De cada um segundo suas capacidades, a cada um segundo suas necessidades",[9] mas entendemos isso como a posse de uma habilidade e a posse de uma necessidade. E se pensássemos no experimento do porão do navio como a fluidez absoluta, a informalidade dessa condição de necessidade e habilidade? E se a habilidade e a necessidade estivessem em constante interação e achássemos alguém que nos desapossasse, de modo que esse movimento fosse a nossa herança. O seu amor me faz forte, o seu amor me faz fraco. E se "o entre dois", o desejo perdido, a articulação fosse esse ritmo, esse experimento herdado dos embarcados nas águas agitadas da carne e da expressão que poderia compreender ao abrir mão – habilidade e necessidade em recombinação constante. Se ele me move, me

---

9   Karl Marx, *Crítica do programa de Gotha* [1891], trad. Rubens Enderle. São Paulo: Boitempo, 2012, p. 32. [N. E.]

6. FANTASIA NA APREENSÃO DO PORÃO DO NAVIO

envia, me deixa à deriva desta forma, entre nós, nos sobcomuns. Contanto que ela faça isso, ela não precisa ser.

Quem sabe de onde Marx tirou essa herança do porão, de Aristóteles negando seu mundo escravagista, de Kant falando com marinheiros, do estranho autoerotismo de Hegel ou simplesmente sendo feio, escuro e fugitivo. Como diz Zimmy, anjo precioso, você sabe que ambos os nossos antepassados foram escravos, o que não é coisa para fazer ironia. Esse sentimento é a apreensão do porão que nos deixa ir [*lets go*] (vamos lá [*let's go*]) repetidamente para nos desapossar da habilidade, nos encher de necessidade, nos dar a habilidade de satisfazer a necessidade, esse sentimento. Ouvimos o padrinho[10] e a velha toupeira nos chamando para nos tornar, nos anos que ainda temos, filósofos do sentir.

Com amor,
S/F.

---

10 Referência a James Brown, o padrinho do *soul*. [N. T.]

7.
O ANTAGONISMO GERAL: UMA ENTREVISTA COM STEVPHEN SHUKAITIS

STEVPHEN SHUKAITIS [DO COLETIVO EDITORIAL AUTONOMEDIA] *Gostaria de começar a nossa conversa de modo lúdico e metafórico, com uma ideia de Selma James com a qual me deparei recentemente. Selma descrevia um conselho sobre a escrita, dado a ela por C. L. R. James: ela deveria manter uma caixa de sapatos para guardar ideias e pensamentos variados. Quando a caixa estivesse cheia, ela teria tudo de que precisava para escrever. Se vocês fossem apresentar para alguém o trabalho colaborativo de vocês na forma de uma caixa de sapatos conceitual, o que haveria nela? O que estaria lá dentro?*

FRED MOTEN A sensação que tive quando li isso foi que, se eu fosse Selma James, pediria algum tipo de esclarecimento. O mais parecido com isso que faço é carregar caderninhos em que anoto coisas o tempo todo. Se não estou com meus caderninhos, escrevo notas em pedaços de papel e enfio nos bolsos. É engraçado que não penso nisso como uma caixa de sapatos, porque 95% das coisas que escrevo não têm continuidade. É mais ter uma ideia, anotar e depois nunca mais pensar nela de novo. Raramente passo essas ideias para o computador.

O elemento principal que me interessa, que me chama a atenção, especialmente na reflexão sobre o trabalho colaborativo com Stefano, é que de certo modo não precisamos necessariamente de uma caixa de sapatos, porque sempre sinto que, quando estou dormindo, ele está acordado pensando em alguma coisa. E, também, como trabalho tão próximo da minha esposa, Laura, não é tanto ter uma caixa de sapatos onde posso depositar anotações sobre os meus pensamentos; é mais ter uma longa conversa com certas pessoas. O que quero dizer é que o conteúdo da caixa é menos importante para mim do que o processo contínuo de falar com outra pessoa e as ideias que emergem dessa conversa. Não sinto que existam cinco ou seis ideias sobre as quais estou sempre pensando, elaborando, e que podem ser tiradas de uma caixa. É mais que existem cinco ou seis pessoas com quem estou sempre pensando. Se você me perguntasse, eu não poderia dizer que "tenho essas quatro ou cinco ideias às quais retorno constantemente e que precisam estar na minha caixa". Não é essa a minha sensação. Parece mais que eu tenho uma ou duas coisas sobre as quais estou conversando desde sempre com as pessoas. E a conversa se desenvolve no decorrer do tempo, e penso em coisas novas e digo coisas novas. Mas as ideias que estão na minha cabeça geralmente são coisas que outras pessoas disseram.

STEFANO HARNEY Para mim é difícil responder, porque não sou uma pessoa que toma notas daquilo que leio, porque simplesmente sei que não vou retornar a elas. Não sou esse tipo de colecionador. No entanto, também sinto que existe alguma coisa; não necessariamente uma caixa, mas talvez, como disse Fred, uma série de conversas. O que também me parece interessante é que as conversas em si podem ser descartadas, esquecidas, mas existe alguma coisa para além dessas conversas que acaba sendo o próprio projeto. Penso a mesma coisa sobre a construção de qualquer tipo de parceria ou coletividade: não é sobre o que se faz; o importante é aquilo que acontece quando você está fazendo alguma coisa, e o próprio trabalho é uma combinação entre dois modos de existência. Ou, para dizer nos termos do *embarcado*, não é a caixa que importa, mas o experimento entre os *in/contidos*.

Talvez a metáfora da caixa de sapatos tenha sido mais útil para Selma porque ela estava mais afastada do contato social e estava tentando escrever sozinha, e tentando pensar isoladamente, o que tem riscos e derrotas próprios. Lendo os textos que vocês dois escreveram juntos, existe um conjunto de conceitos que vocês desenvolvem e com os quais trabalham que são um tanto idiossincráticos – talvez sejam produtos desse diálogo que já dura muitos anos. Vocês poderiam explicar como esses conceitos particulares emergiram dessa troca?

SH Eu poderia listar alguns dos nossos conceitos, tais como os "sobcomuns" [*undercommons*] ou o "planejamento" [*planning*], ou aqueles com os quais estamos trabalhando atualmente, como o "desassentamento" [*unsettling*] e o "embarcado" [*shipped*]. Mas, de certo modo, sinto que estou explorando com Fred, e o que gostaria de explorar em situações que não estão tão desenvolvidas, que estão ainda em fase de teste, por exemplo, com o coletivo da Queen Mary University of London, é o seguinte: os conceitos são modos de elaborar uma maneira de viver junto, uma maneira de estar junto que não pode ser compartilhada como um modelo, mas, sim, como uma instância. Portanto, eu me sinto sobretudo um "ladrão de ideias", como diria Guattari – estou hackeando conceitos e ocupando ideias como forma de nos ajudar a fazer alguma coisa. O que não significa que a gente não dedique um bom tempo desenvolvendo e tentando dar sentido a esses conceitos, ou tentando entender como novas situações ou circunstâncias poderiam nos levar a querer manter o conceito ou, por outro lado, dizer que o termo não se adequa mais àquilo que estamos tentando dizer. Estive pensando recentemente em algumas coisas que Fred escreveu em resposta à pergunta sobre as ocupações do Movimento Occupy estarem fazendo aquilo que estávamos chamando de "planejamento". E Fred disse: "Sim, e não apenas planejamento, mas também estudo e aquilo que poderia, talvez, ser chamado de 'estudo negro'". Para mim, isso é um exemplo de como os conceitos nos permitiram continuar nos movendo em situações diferentes. Nesse sentido, acho que eles existem de alguma maneira, mesmo que eu não os considere conceituais nos mesmos termos em que se pensaria, por exemplo, nos conceitos mais tradicionais da filosofia, em que é preciso construir um sistema a partir deles.

FM Acho que é isso mesmo. Sinto, em muitos sentidos, que o que é divertido em trabalhar em colaboração com alguém é que se chega, literalmente, e juntos, a um bom termo. Stefano indica coisas diferentes que ele leu, e que eu não li, tipos diferentes de experiências que ele viveu. Ele pega um termo em que eu nunca teria pensado sozinho e me vejo totalmente atraído pelo termo, começo a querer trabalhar com ele. Em outros momentos, vou querer fazer alguma coisa com esse termo.

Uma metáfora me vem à cabeça. Podemos pensar nisso como uma caixa de ferramentas ou uma caixa de brinquedos. No caso dos meus filhos, grande parte do que eles fazem com os brinquedos é transformá-los em objetos de cena. Eles estão constantemente envolvidos num grande projeto de fingimento. Os brinquedos que eles têm são objetos de cena para esse fingimento deles. Eles não brincam com eles do jeito que teria de ser – uma espada é aquilo com que você bate numa bola e um taco é aquilo com que você faz música. Eu me sinto assim com os termos. No fim, o mais importante é que a coisa entre em jogo. O que mais importa na brincadeira é a interação. Uma vez estávamos no carro e as crianças estavam brincando de um jogo chamado "família": elas basicamente criam uma família alternativa e conversam sobre o que essa família está fazendo. Naquele dia elas estavam realmente envolvidas na brincadeira e meu filho mais velho me olhou – eu podia vê-lo pelo retrovisor – e me disse: "Pai, a gente tem uma caixa e vai deixar você abrir essa caixa, e se você abrir essa caixa, você pode entrar no nosso mundo". É mais ou menos assim que me sinto:

7. UMA ENTREVISTA COM STEVPHEN SHUKAITIS

existem esses objetos de cena, esses brinquedos, e, quando você pega um deles, você pode entrar num novo modo de pensamento, num novo modo de relação, num novo modo de estar junto, de pensar junto. No fim, é o novo modo de estar junto e de pensar junto que é importante, e não a ferramenta ou o objeto de cena. Ou o objeto de cena só é importante na medida em que permite que você entre nesse novo modo; mas, uma vez lá, é a relação e a atividade que devem ser realmente enfatizadas. Dito isso, se alguém lê os nossos textos e acredita que pode tirar alguma coisa dos termos "planejamento", "sobcomuns" ou "logisticalidade", isso é ótimo, mas o que importa é o que se faz com eles, é o lugar que eles ocupam nas relações desse alguém. Quando as pessoas leem suas coisas, elas são levadas a pesquisar e ler as nossas coisas. Isso cria um tipo diferente de relação entre nós, mesmo que a gente não esteja necessariamente ciente disso.

SH Simplesmente pegue um brinquedo...

Seguindo essa linha, eu gostaria de perguntar como vocês veem o ato de escrever juntos. Se os conceitos são ferramentas para a vida ou caixas de brinquedos. Quando pegamos um texto seu já pronto – a não ser que vocês tenham textos privados que eu desconheça –, geralmente não temos essa sensação de brincadeira ou de vida. Ficamos com a sensação de um produto acabado, em que a coletividade que animou o trabalho pregresso – e eu concordo com vocês que esse é o aspecto mais importante – ficou pelo caminho. Como vocês negociam isso? Ou existe uma forma de sinalizar, num texto escrito, "não leve tão a sério, vá lá fora brincar com isso"?

SH Bom, um dos jeitos que eu tenho de fazer isso é revisar o modo como digo as coisas. Algumas pessoas podem achar meu estilo repetitivo, em parte porque estou sempre reformulando as coisas, mas também porque tento mostrar que estou brincando com uma ideia, e não que eu tenho uma ideia pronta. Se avanço em um esquema rítmico do tipo "tá tum tá tum tá tum", em parte é para dizer que estamos ensaiando. E já que estamos ensaiando, você também pode pegar um instrumento. Então, para mim, isso precisa estar no texto, de alguma forma. Não basta assinalar fora do texto, mandar um aviso dizendo: "Olha, na verdade, isso ainda está aberto para isto ou aquilo". É preciso que fique sugerido no próprio texto, de alguma forma, que o assunto não está encerrado. Em parte porque escrever com outra pessoa é, em certo sentido, sempre manter algo em aberto, porque sempre vai existir a pergunta: "Será que ambos pensam assim? Quem disse isso?". Em vez de me preocupar, acho legal. Significa que o texto está aberto a mais de um.

FM Acho que você tem razão. Às vezes estamos escutando alguém e ficamos tentando imaginar quem está no canal esquerdo e quem está no canal direito. E, de repente, percebemos que não é tão importante. Perdemos um tempão tentando decifrar o enigma, mas aí percebemos que há sempre uma interação e um entrosamento acontecendo no texto. Ele não é uma coisa morta. Aquilo que escutamos ou lemos continua se movendo, continua vivo. Continua se formando.

Tem uma coisa em que eu estava tentando pensar ano passado. Lendo e falando em sala de aula sobre *Pele negra, máscaras brancas*, eu me dei conta finalmente, porque sou meio lento, de que "nossa, caramba, Fanon estudou medicina. Isso é importante". E fiquei fascinado com o uso que ele fazia do termo "lise". Ele não escrevia "críticas" nem "análises", mas evocava esse processo bioquímico de destruição das células que, naquele momento, os cientistas estavam tentando replicar. De repente, ler Fanon significava descobrir o que os bioquímicos queriam dizer com "lise". O que um médico quer dizer com isso? E, depois, lembrar que Platão tem um diálogo chamado *Lísis* que dá voltas e voltas em torno daquilo que é interminável na análise ou na teoria da amizade. O texto de Fanon ainda está aberto e ainda abre para algo. Mas você precisa entrar nele. Agora, quando você está dentro, você precisa sair. Na verdade, você é arrancado dele – isso acontece, no contexto de uma obra assinada por uma única pessoa, quando você percebe que não se trata de uma obra assinada por uma única pessoa. Sim, ela é assinada por ele, e você poderia dizer, claro, que o que estou tentando dizer não é apenas simples e verdadeiro, mas também prosaico. Qualquer pessoa que entenda alguma coisa de leitura dirá que "sim, isso é intertextualidade". Mas existe outra forma de pensar que permite ver que o buraco é mais embaixo. Não se trata apenas de um simples fato de intertextualidade. É diferente. Uma coisa é reconhecer que o texto é um intertexto. Outra coisa é ver que o texto é um espaço social. Trata-se de uma forma mais profunda de olhar para a questão. Dizer que o texto é um espaço social significa que muita coisa está acontecendo ali: pessoas e coisas estão se encontrando e interagindo, contagiando umas às outras, criando atrito – e você entra nesse espaço social, tenta fazer parte dele. O que estou tentando dizer é que os termos são importantes na medida em que nos convidam, estimulam, exigem ou permitem que entremos naquele espaço social. Mas depois que entramos nele, os termos são apenas uma parte dele, existem outras coisas ali. Há coisas a serem feitas, lugares a serem visitados e pessoas a serem vistas na leitura e na escrita – e talvez a questão seja tentar imaginar uma forma eticamente responsável de estar naquele mundo com outras coisas.

Nossas primeiras colaborações foram na poesia. Essa é basicamente a melhor resposta à sua pergunta. Tudo que eu disse antes e não fazia o menor sentido, apague! Estávamos pensando em coisas para fazer. Passando tempo juntos, conversando, bebendo. Finalmente as coisas degringolaram de tal forma que de repente estávamos escrevendo juntos. Mas a colaboração é muito anterior à produção de qualquer texto. A primeira coisa que escrevemos juntos, "Doing Academic Labor" [Fazendo trabalho acadêmico], foi em algum momento dos anos 1990. Não sei direito. Mas andamos uns quinze anos juntos antes de começar a publicar. Espero que quando publicarmos nosso último texto ainda tenhamos mais quinze anos para andarmos juntos.

SH E depois mais uma publicação... [*risos*]. O que me veio à cabeça quando você falou sobre o texto ser um espaço social é que, para mim, é muito emocionante chegar a um ponto em que o texto é suficientemente aberto para se tornar uma ocasião de estudo, em vez de um objeto de estudo. Entramos no mundo social do estudo, quando começamos a perder de vista as nossas dívidas e começamos a ver que a questão principal é perdê-las de vista e simplesmente construí-las para que todos possam sentir que podem contribuir ou não contribuir para estar em um espaço. Não me parece que isso tenha a ver com alguém insistir ou persistir para nos colocar naquele tempo--espaço do estudo, mas sim que o texto é uma forma de fazer esse tipo de insistência no estudo ser uma insistência aberta, sem precisar ser uma questão de autoridade, liderança ou algo assim, mas uma espécie de convite para que outras pessoas descubram coisas novas. Tenho pensado cada vez mais no estudo não como algo em que todo mundo se dissolve na figura do estudante, mas em que as pessoas se revezam no ato de fazer coisas umas para as outras, ou para os demais, e nos permitimos ser possuídos pelos outros à medida que eles fazem algo. Isso também é um tipo de despossessão daquilo a que, do contrário, você se apegaria, e você renuncia a essa posse de maneira mais ou menos voluntária, e depois uma posse diferente é produzida por outras mãos.

Acho que essa noção também se aplica ao espaço social do próprio texto, mesmo quando o estudo ainda não é aparente. Se você refletir sobre o modo como lemos um texto, você perceberá que entramos e saímos dele em certos momentos, e esses momentos de possessão são, para mim, oportunidades para dizer: "Bom, como isso poderia ser mais generalizado?". Esse sentimento de despossessão e possessão por parte dos despossuídos é uma maneira de pensar sobre aquilo que Fred e eu chamamos de antagonismo geral, um conceito que atravessa todo o nosso trabalho, do mesmo modo que atravessa o nosso senso do mundo. A produção tumultuosa da diferença que é o antagonismo geral não pode ser domesticada nem pela autoridade feudal nem pela violência que é o capitalismo, e muito menos por diretivas em forma de diálogos agonísticos ou esferas públicas alternativas. Mas quando o objetivo não é suprimir o antagonismo geral, e sim experimentar sua capacidade informal, esse lugar são os sobcomuns, ou melhor dizendo, em todo lugar e em todo tempo em que esse experimento ocorre dentro do antagonismo geral é possível encontrar os sobcomuns. Ser possuído pelos despossuídos e oferecer a possessão por meio da despossessão é um experimento nesse sentido e é, entre outras coisas, uma forma de pensar o amor, e isso também pode surgir no estudo. Acho que é esse tipo de experimento que estamos tentando fazer na *School for Study* [Escola para o Estudo].

Quando estava me preparando para a entrevista, recorri à abordagem típica da web 2.0 e perguntei no Facebook que perguntas eu deveria fazer. Enviei algumas para vocês. Uma pergunta que me pareceu bastante interessante era até que ponto é possível ser parte dos sobcomuns e não do estudo, ou se os sobcomuns incluem, ou poderiam incluir, quem trabalha na universidade, mas não como docente, e formas de trabalho afetivo que não são imediatamente pedagógicas.

FM Muitas das perguntas no Facebook eram: "Como se faz para entrar nos sobcomuns?". Bom, os "sobcomuns" são uma caixa e, se você abri-la, você pode entrar no nosso mundo. Algumas pessoas parecem ter ressalvas ao termo "estudo", mas existe outra forma de estar nos sobcomuns que não seja intelectual? Existe uma forma de ser intelectual que não seja social? Quando penso sobre a forma como utilizamos o termo "estudo", considero que estamos comprometidos com a ideia de que estudo é aquilo que se faz com outras pessoas. É conversar e caminhar com outras pessoas, trabalhar, dançar, sofrer ou alguma convergência irredutível dessas três coisas, realizada sob o nome de prática especulativa. A noção de ensaio: pessoas em uma oficina, tocando em uma banda, em uma *jam session*, ou idosos sentados na calçada, ou colegas trabalhando juntos em uma fábrica – existem modos variados de atividade. O ponto no qual chamamos isso de "estudo" é quando assinalamos que a intelectualidade incessante e irreversível dessas atividades já está presente. Essas atividades não se tornam nobres porque dizemos: "Olha, se você fizesse essas coisas de certo modo, você poderia dizer que está estudando". Fazer essas coisas significa participar de um tipo de prática intelectual comum. O importante é reconhecer que sempre foi assim – porque esse reconhecimento permite que você acesse toda uma história alternativa e variada do pensamento.

7. UMA ENTREVISTA COM STEVPHEN SHUKAITIS

O que eu também gostaria de dizer sobre essa pergunta é que ela me parece excessivamente preocupada com a exatidão e a legitimidade do termo. Não é que eu queira dizer: "Olha, ele ou ela não entendeu o que queremos dizer com estudo". É mais: "Bom, se esse termo incomoda você, use outro". Ele ou ela pode dizer: "Minha compreensão de estudo não funciona para aquilo que eu acho que quero entender com aquilo que vocês estão dizendo". Essa pessoa deve ter um tipo de relação paleonímica complicada com o termo. Ela deve se situar em uma espécie de relação aposicional com o termo: precisa pegar uma parte do termo, tirar algo dele e constituir uma trajetória própria de afastamento em relação a ele. Na medida em que ela passa para o que podemos chamar de relação dissidente ela se envolve precisamente com aquilo que considero ser o estudo.

Então, se a pergunta é: "Precisa incluir o 'estudo'?", minha primeira reposta é: "Você não entendeu o que queremos dizer com estudo". E minha segunda resposta é: "Mas não faz mal que você não tenha entendido o que queremos dizer com estudo, porque agora você vai fazer outra coisa". Minha primeira resposta, portanto, preza pela exatidão e afirma: "Por estudo, queremos dizer isto. O que acho que você deseja entender com aquilo que estamos dizendo é precisamente o que queremos dizer com estudo". E quero dizer: "Parece que você tem um problema com o estudo. Como você pode ter um problema com o estudo? Se você compreendesse de verdade o que é o estudo, saberia que é essa forma de socialidade. É apenas disso que se trata". Mas também diria: "Estou sendo um idiota". Estou cobrando o cara por não ter uma compreensão adequada e apropriadamente reverente do termo – e o que estou dizendo é que é precisamente sua compreensão equivocada, sua recusa ativa em compreender o termo que constitui uma extensão do estudo. Então vá em frente. Sempre vou pensar na tendência dele ou dela de querer evitar ou negar o estudo como um ato de estudo. Mas, se ele ou ela não pensa assim, tudo bem.

SH Ao mesmo tempo, fico feliz em poder falar mais sobre o *estudo*. Não acho que é uma questão de ser completamente passivo e dizer: "Faça o que quiser". Havia razões para sentirmos que precisávamos perseguir esses termos, e uma das principais – sobre a qual Fred já falou – era a nossa sensação de que era importante enfatizar que o estudo já está acontecendo, inclusive quando entramos em uma sala de aula e antes mesmo daquilo que é considerado o começo da aula. É a mesma coisa com o planejamento. Pense na forma como utilizamos "*diretiva*", como uma forma de pensar pelos outros, tanto porque considera-se que os outros não são capazes de pensar como porque consideramos que somos capazes de pensar, o que constitui o outro lado desse pensar: de que há algo errado com a outra pessoa – pensar que corrigimos a nós mesmos de algum modo e, portanto, isso nos dá o direito de dizer que a outra pessoa precisa ser corrigida. O *planejamento* é o oposto disso. Significa: "Olha, não é que as pessoas não sejam capazes de pensar por si mesmas, agir coletivamente por si mesmas, de formas diferentes. Só parece ser assim porque você se corrigiu dessa forma específica em que os outros vão sempre parecer equivocados e, portanto, você sempre tentará implementar diretivas contra eles". A própria implementação de diretivas é o maior sintoma de que alguma coisa está lhe escapando e, por isso, você precisa fazer isso – me parece que é a mesma coisa com o estudo. Também não me importa que as pessoas não utilizem o termo ou encontrem outro. Mas, da mesma forma, a questão do estudo é que a vida intelectual está em operação em todo o nosso entorno. Quando penso no estudo, é provável que eu pense tanto nas enfermeiras no fumódromo como na universidade. Quer dizer, para mim, ele realmente não tem nada a ver com a universidade, além do fato de que, como diz Laura Harris, a universidade é esse ajuntamento incrível de recursos. Quando estamos pensando, é bom ter livros.

FM É claro que o fumódromo também é um ajuntamento incrível de recursos.

SH Sim. E é por isso que não penso no estudo e na universidade com esse tipo de vínculo – embora no começo estivéssemos escrevendo sobre aquilo que conhecíamos, e é por isso que o sobcomum surgiu primeiro em relação à universidade. Não vejo uma relação necessária entre o sobcomum e a universidade. E dado que, para mim, o sobcomum é um tipo de comportamento ou um experimento contínuo com e no *antagonismo geral*, um modo de estar com outros, era quase impossível combiná-lo com formas particulares de vida institucional. Ele seria obviamente atravessado por diferentes modos em diferentes espaços e tempos.

FM O estudo não está limitado à universidade. Não é sustentado ou contido pela universidade. O estudo possui uma relação com a universidade, mas somente na medida em que a universidade não está necessariamente excluída dos sobcomuns que ela se esforça tanto para excluir.

Essa pergunta sobre o trabalho acadêmico não docente, à qual vocês estão respondendo, foi feita por Zach Schwartz-Weinstein, e me leva à pergunta que eu gostaria de fazer. Entendo que vocês estão trabalhando com uma compreensão muito mais ampla e profunda de estudo. Mas o trabalho de vocês teve início nos anos 1990, focalizando as condições particulares do trabalho acadêmico. Minha pergunta é: como essa concepção mais ampla de estudo se encaixa nas condições mais específicas do trabalho acadêmico sobre as quais vocês estão falando? Vocês dizem que certas formas de trabalho acadêmico impedem a coletividade ou que, ao estimularem de certo modo um investimento muito individualista no trabalho, acabam impedindo o surgimento desse projeto mais amplo. Isso é específico do trabalho acadêmico ou é mais generalizado nas formas de trabalho que exigem esse investimento? Acho que minha pergunta é: como vocês entendem a relação entre as formas específicas da composição de classe do trabalho acadêmico e os padrões mais amplos? Acho que é fácil associar o específico ao geral.

FM Hoje, quando penso na questão ou no problema do trabalho acadêmico, penso que parte daquilo que me interessa é como as condições do trabalho acadêmico se tornaram pouco propícias ao estudo – como as condições em que os trabalhadores acadêmicos trabalham na realidade obstruem ou impedem o estudo, tornam o estudo difícil, se não impossível. Quando eu era estudante de pós-graduação e me envolvi em organizações laborais, como a Association of Graduate Student Employees [Associação de Doutorandos Contratados], da University of California, em Berkeley, eu ficava frustrado ao ver que o investimento dos estudantes de pós-graduação na reflexão sobre eles mesmos como trabalhadores por vezes repousava na noção de que trabalhadores não estudam. Mas isso era muito mais do que uma ideia romântica do trabalho autêntico e uma negação da nossa própria "inautenticidade" como trabalhadores. A imagem que fazíamos de nós mesmos como trabalhadores acadêmicos aderiu, em realidade, à forma pela qual as condições do trabalho acadêmico impediam o estudo. Em realidade, compactuávamos com a inviabilização do estudo como uma atividade social, ao mesmo tempo que estávamos envolvidos – e desfrutávamos

– da organização enquanto atividade social. É como se estivéssemos nos organizando pelo direito de nos fecharmos mais completamente no isolamento. Nunca tivemos a sensação de que estudávamos (d)a maneira que nos organizávamos, e nunca abordamos todo um conjunto de outros modos de estudo que estavam ou muito na superfície ou muito nas profundezas da universidade. Acho que nunca reconhecemos que o aspecto mais insidioso, vil e bruto do nosso trabalho era que o estudo era regulado e suprimido.

SH Sim, isso era um dos aspectos daquilo que nos incomodava. Outro aspecto era que parecia que a universidade – e as formas de trabalho na universidade – era o local onde o estudo deveria acontecer. Isso significava que, por um lado, havia doutorandos que pareciam estar negando o estudo e, por outro, havia muitos acadêmicos que reivindicavam o monopólio do estudo ou afirmavam constituir o centro do estudo – e, para mim, isso significava que, em primeiro lugar, o próprio estudo estava se tornando, como diz Fred, quase impossível na universidade. Era a única coisa que não se podia fazer na universidade, não apenas por causa das posições variadas das pessoas mas também por causa da administração da universidade. Mas, em segundo lugar, significava que era impossível reconhecer ou admitir essa história incrível do estudo que acontece fora da universidade.

Dito isso, provavelmente havia algo – não sei se foi assim com Fred – que eu precisava elaborar um pouco mais: eu era um trabalhador acadêmico e precisava me posicionar para me mover além das restrições do trabalho. Outra coisa era que há certas maneiras pelas quais o modelo acadêmico de impedimento do estudo se generaliza. Não é mais apenas na universidade que o estudo é impedido. Porque a única verdadeira transferência de saber da universidade foi o seu processo peculiar de trabalho. O processo de trabalho acadêmico foi transferido com êxito para a empresa privada, de modo que todo mundo acha que é acadêmico, todo mundo acha que é estudante – esse tipo de identidade em tempo integral. As pessoas propõem o modelo do artista ou do empreendedor, mas não, isso é muito individual, o capitalismo ainda possui o seu processo laboral. A universidade é um tipo de linha de fábrica, um tipo de processo laboral perfeito para reintroduzir uma versão de mais-valor absoluto na jornada de trabalho para tentar repaginar o trabalho a partir dos moldes que associamos à universidade. E quando analisamos com cuidado aquilo que estava acontecendo na universidade, o que era realmente transferido, vemos que era tudo, menos o estudo; era todo o regime de trabalho e eram todos os algoritmos organizacionais de impedimento do estudo, ao mesmo tempo que o trabalho intelectual era realizado. Então, a outra razão para permanecer na universidade não era apenas certo conjunto de recursos, ou porque o espaço do ensino ainda é relativamente aberto, embora de modo desigual, e não apenas porque de algum modo o estudo ainda ocorre em seus sobcomuns, mas porque existe esse modelo peculiar de processo laboral que está sendo exportado, que está sendo generalizado nas chamadas indústrias criativas e em outras, e está sendo habilmente implantando contra o estudo. Isso é algo que Paolo Do tem apontado na Ásia, onde a expansão universitária significa a expansão desse processo laboral sinistro na sociedade em geral.

Existe um argumento difundido pelo Precarious Workers Brigade [*Brigada dos Trabalhadores Precarizados*] *e pelo* Artworkers Coalition [*Coalizão dos Trabalhadores de Arte*] *segundo o qual o que é interessante no trabalho artístico não lhe é necessariamente inerente, mas é o modo como aquilo funciona tal qual um*

7. UMA ENTREVISTA COM STEVPHEN SHUKAITIS

laboratório para uma forma particular de extração de valor, que pode então ser generalizada para além da esfera artística.
SH Exatamente. Aprendi muito com eles.

Em conexão com esse seu ponto, quando vocês falam dos "estudantes como colegas de trabalho", seria para, de algum modo, negar a negação do estudo? Em seus escritos anteriores sobre o trabalho acadêmico, vocês dizem que os acadêmicos não podem reconhecer seus alunos como colegas de trabalho porque isso apresentaria um problema. O que significa então reconhecer esse processo de trabalho conjunto, não apenas na universidade, mas em termos mais gerais?
SH Talvez eu não colocasse a questão nos mesmos termos hoje. Na época, senti que estávamos envolvidos em uma crítica mais interna ao trabalho acadêmico, com a qual não me sinto mais tão conectado. Não que eu esteja fugindo dela, mas creio que senti que precisávamos fazer isso para não ficar com a impressão de que precisávamos continuar insistindo nisso. Em vez de formular a questão desse modo, eu diria que existe uma espécie de temor na universidade em torno de algo como o amadorismo – imaturidade, prematuridade, não estar formado, não estar pronto de certo modo – e o estudante representa isso em certos momentos. E o nosso trabalho com os estudantes é, supostamente, auxiliá-los a superar tudo isso para que obtenham os créditos necessários e se formem. Hoje, para mim, esse é o momento mais interessante, porque é quando a prematuridade, a imaturidade ou o não estar pronto significam também uma espécie de abertura para ser afetado pelos outros, despossuído e possuído pelos outros. Mas, claro, na universidade, o que tentamos fazer é nos livrar disso para podermos ser indivíduos plenamente autodeterminados, prontos para o trabalho ou, como

diz Paolo Virno, prontos para demonstrar que estamos prontos para o trabalho. Então, para mim, a questão é menos o estudante como colega de trabalho – embora seja sem dúvida verdade que os estudantes trabalham muito – e muito mais o estudante, como diria Denise Ferreira da Silva, como exemplo de um corpo afetado. E é claro que os professores, assim como os filósofos aos quais Denise se refere, enlouquecem com os estudantes: ao mesmo tempo que são o próprio objeto de trabalho deles, os estudantes são um ponto necessário de seu ciclo de produção. As instituições tentam se livrar de qualquer coisa que incuta a sensação desse tipo de afeto entre os corpos, a fim de produzir indivíduos autodeterminados. Introduzir os estudantes nesse momento, nesse nível afetivo, é a parte que mais me interessa agora, mais do que, digamos, acioná-los como trabalhadores, embora eu não considere que seja um erro. Apenas me parece que está aquém daquilo que pode potencialmente acontecer.

FM Eu acho, olhando de novo para esses trabalhos anteriores, que a gente seguiu em frente, continuou em movimento, mas que esse movimento estava baseado na nossa tentativa de pensar sobre o lugar em que estávamos naquele momento. Estas são as condições nas quais vivemos e operamos, e precisamos tentar pensar sobre elas. Tem alguma coisa errada, vamos pensar como e por que as coisas não são do jeito que gostaríamos que fossem – e nós tivemos, basicamente, a ousadia de acreditar que o nosso desejo de outro modo de existir no mundo precisava estar ligado à nossa tentativa de entender como estávamos vivendo e em que condições estávamos vivendo naquele momento. Em outras palavras – e para mim isso é uma coisa relativamente crucial –, eu não estava pensando em ajudar alguém. Não estava pensando na universidade como um lugar eminente, no sentido de que estar lá confere a marca de um certo tipo de

7. UMA ENTREVISTA COM STEVPHEN SHUKAITIS

privilégio, e que a maneira apropriada de reconhecer ou lidar com esse privilégio seria pegar essa sabedoria ou pegar os recursos aos quais tenho acesso e tentar distribuí-los de maneira mais equitativa entre as pessoas pobres, que não têm com a universidade a relação que nós temos. Nunca pensei assim. Sempre pensei: a universidade está ferrada. A universidade está muito ferrada. Por que está tão ferrada? Por que as coisas na universidade não são do jeito que deveriam ser? Sim, existem algumas coisas interessantes na universidade, mas obviamente existem coisas interessantes em outros lugares também. O ponto é: a universidade está muito ferrada, como podemos pensar sobre isso para nos organizarmos e torná-la melhor? Estávamos tentando compreender o problema de estarmos alienados da nossa capacidade de estudo – a exploração da nossa capacidade de estudar se manifestava como um conjunto de produtos acadêmicos. Era isso que estávamos tentando compreender. E percebemos que é isso que os trabalhadores, que também são pensadores, sempre tentaram compreender. Por que não podemos estar juntos e pensar juntos, de modo a nos sentirmos bem, do modo – bom – que deveria ser? Para a maior parte dos nossos colegas e estudantes, independentemente de quanto se queira borrar essa distinção, essa é a questão mais difícil de levar em consideração. Todo mundo está furioso e se sentindo péssimo o tempo todo, mas é muito raro vermos as pessoas se perguntarem: "Por que não estamos nos sentindo bem?". Há muitas pessoas com raiva, que não estão se sentindo bem, mas parece muito difícil elas se perguntarem, coletivamente: "Por que nada disso parece bom?". Eu amo poesia, mas por que ler, pensar e escrever sobre poesia, nesse contexto, não me faz bem? Na minha cabeça, essa é a pergunta que estamos tentando fazer.

É especialmente difícil fazer essa pergunta na Inglaterra, onde se pressupõe que todo mundo é infeliz, mas nem por isso menos educado.

FM Mas isso é insidioso, é a naturalização do estado deplorável, a crença de que o trabalho intelectual requer alienação e imobilidade e que a dor e a náusea recorrentes são uma espécie de medalha de honra, uma patente para enfeitar suas vestes acadêmicas ou algo do tipo. O prazer é suspeito, pouco confiável, uma marca de privilégio ilegítimo ou espécie de rechaço covarde: a impossibilidade de encarar racionalmente o fato de a universidade estar muito ferrada, o que, aliás, só pode ser feito em isolamento. A questão é simplesmente não se deixar isolar dessa forma; é estudar o antagonismo geral de dentro do antagonismo geral. Meu filme preferido é *As sandálias do pescador* e quero ser como o personagem do padre Telemond. Ele acreditava no mundo. Como Deleuze, eu acredito no mundo e quero estar nele. Quero estar nele até o fim, porque acredito em um outro mundo no mundo e quero estar *nele*. E pretendo manter a fé, como Curtis Mayfield.[1] Mas isso está além de mim, e até além de mim e Stefano, está lá fora no mundo, na outra coisa, no outro mundo, no barulho animado dos últimos tempos, disperso, de improviso, na recusa dos sobcomuns à academia da miséria.

SH Há mais ou menos sete anos, eu deixei os Estados Unidos e me mudei para o Reino Unido. Passei de um sistema universitário em que os doutorandos davam aulas em escala industrial para um sistema mais semifeudal, com inúmeros professores temporários e precarizados. Mas aí entrei em contato com camaradas que padeciam sob o sistema baronial da Itália e de outras partes do Sul da Europa e, se eles quisessem estudar, tinham de sair da

---

1 Referência à música "I plan to stay a believer", de Curtis Mayfield. [N. T.]

7. UMA ENTREVISTA COM STEVPHEN SHUKAITIS

universidade, ao menos estrategicamente. Isso me abriu uma outra questão: quando você sai da universidade para estudar, de que maneira você deve continuar reconhecendo que você não está saindo do lugar do estudo para criar um lugar novo, mas entrando em um outro mundo, no qual o estudo já está acontecendo para além da universidade? Senti que precisava de uma maneira de ver esse mundo, senti-lo, percebê-lo e entrar nele, para me juntar aos estudos que já estavam acontecendo de modos informais diferentes, de modos deformantes e informativos. Quando falo de uma prática especulativa, algo que aprendi trabalhando com a artista performática Valentina Desideri, estou falando de passear pelo estudo, e não só de estudar passeando com os outros. Para mim, uma prática especulativa é um estudo em movimento, é caminhar com outras pessoas e conversar sobre ideias, mas também sobre comida, um filme antigo, um cão que passa ou um novo amor, é também falar em meio a alguma outra coisa, interromper as outras formas de estudo que já estejam acontecendo, ou que tenham sido suspensas, estudos que atravessamos, para os quais podemos até ter sido convidados, esse estudo entre corpos, entre espaços, entre coisas, isso é o estudo como uma prática especulativa, quando a prática situada de uma sala de aula ou de um espaço ocupado movimenta-se para encontrar o estudo em geral.

Uma das perguntas que fiz a Stefano no fim de semana passado, enquanto eu lia o manuscrito, foi sobre a ordem dos capítulos. Alguns textos parecem diferentes quando mudamos a ordem em que são lidos, porque surge um arco narrativo diferente, dependendo de por qual começamos e em qual terminamos. Acho que, em parte, o projeto é menos, digamos, uma afirmação de que "aqui está uma narrativa coerente que segue tal direção" e é mais coisas em aberto, que são colocadas lado a lado e devem ser apresentadas como um tipo de compilação que não diz necessariamente que "o nosso argumento começa no um e termina no cinco". É mais uma compilação de coisas em ressonância entre si do que algo que se desenvolve sequencialmente.

SH Sim, acho que é isso mesmo. Considero que cada texto é uma maneira diferente de chegar a um conjunto similar de questões, de pensar sobre o antagonismo, de pensar sobre a negridade, de pensar sobre os sobcomuns. Acho que a nossa alavanca é sempre tentar nos mover em direção às coisas de que gostamos, e de nos movermos em direção ao modo de vida de que gostamos. Sabemos que às vezes isso implica passar por determinados tipos de crítica ao que está nos retendo. Mas, para mim, o que está acontecendo é que estou tentando elaborar modos diferentes de conviver com os outros, estar com os outros, não apenas com outras pessoas, mas com outras coisas e outros tipos de sentidos. A certa altura, pelo menos para mim, senti com muita força que o mundo das diretivas estava surgindo em toda parte – e eu queria discutir com Fred sobre como poderíamos recuperar nosso material no meio desse trabalho de diretivas, em que todo mundo parecia estar fazendo política a todo momento e em todo lugar. A imagem que me vinha à cabeça era uma espécie de retorno a um mundo em que todo indivíduo autodeterminado tinha o direito de desenvolver diretivas brutais, imediatas, para qualquer pessoa não autodeterminada, o que constitui essencialmente uma situação colonial ou escravista – e a ubiquidade dessas diretivas, que de repente emanavam não apenas do governo, mas de toda merda de agência de diretivas de cada universidade, de agências de diretivas independentes, de blogueiros etc. Para mim, esse povo das diretivas é como os *nightriders*. Senti naquele momento que era necessário abor-

7. UMA ENTREVISTA COM STEVPHEN SHUKAITIS

dar essa questão com a seguinte pergunta: o que diríamos que está acontecendo para ocasionar esse tipo de ataque frenético, essa mobilização total do "consertado"? O que provocou isso? Por isso terminamos falando sobre planejamento. Mas há uma parte do texto em que Fred pôde abordar muito diretamente a negridade. Pudemos começar então por algo que sentíamos ser uma elaboração do nosso modo de vida, da tradição radical negra que havíamos herdado. Assim, nesse texto, terminamos com uma espécie de alerta em relação à governança.

Pelo menos do meu ponto de vista, estou sempre buscando Fred, conversando com Fred, para dizer que sabemos que existem coisas de que gostamos – então como podemos elaborá-las, não só para nós mesmos mas também para outras pessoas, para dizer que vamos continuar lutando, continuar fazendo o que fazemos? É verdade que não há um argumento que chega a se consolidar. Para mim, é pegar brinquedos diferentes para ver se podemos voltar ao que verdadeiramente nos interessa. Isso não significa que não haja mudanças. Hoje tenho um conhecimento mais complexo da vida social do que há alguns anos. Quando comecei a trabalhar com Fred, a vida social, para mim, tinha muito a ver com a amizade, e tinha muito a ver com a recusa – recusar fazer certos tipos de coisas. E aí, gradualmente, me interessei mais pelo termo "preservação". Foi quando comecei a pensar: "Bom, a recusa é algo que fazemos por causa deles ou por causa de nós mesmos?". Recentemente, comecei a pensar mais sobre as elaborações de cuidado e amor. Ou seja, o meu mundo social está crescendo com o nosso trabalho. Mas cada texto para mim é mais uma maneira de chegar ao que amamos e ao que está nos separando daquilo que amamos. Nesse sentido, não se trata de uma investigação científica que começa em uma ponta e termina em outra.

FM É curiosa essa ubiquidade do desenvolvimento de diretivas, essa constante inserção de trabalhadores acadêmicos nos aparatos do poder policial. E são mesmo como *nightriders*, como *paddy rollers*,[2] todo mundo patrulhando, tentando capturar aqueles que estão tentando escapar – especialmente de si mesmos –, tentando capturar sua própria fugitividade. Na verdade, esse é o primeiro alvo das diretivas. Acho que grande parte tem a ver simplesmente, digamos, com certa redução da vida intelectual – reduzir o estudo à crítica – e, ao mesmo tempo, uma redução brutal, realmente terrível, da crítica ao desmascaramento, que opera a partir do pressuposto geral de que a miséria acadêmica naturalizada ama ter companhia no seu isolamento, como uma forma distorcida de alienação comunal em que as pessoas estão ligadas não pelo sangue ou por uma língua em comum, mas pelo mal-estar que disputam entre si. E, aí, o que acaba acontecendo, como sugeriu Stefano, é que existe um monte de gente que passa um tempão pensando em coisas que elas não querem fazer, pensando em coisas que elas não querem ser, em vez de começar pelo que querem e desenvolver aquilo que querem.

Uma das pessoas que mandou perguntas pelo Facebook foi Dont Rhine, que faz parte de um coletivo político/artístico chamado Ultra-Red e com quem tive muita sorte de colaborar há algumas semanas em Nova York. Ele estava falando sobre as Freedom Schools de Mississipi,[3] e os Ultra-Red têm usado

---

2 Patrulhas organizadas de homens armados que vigiavam e disciplinavam escravizados nos Estados do Sul, antes da Guerra Civil dos Estados Unidos. Possuíam poder legal para policiar e fazer cumprir as leis escravagistas. [N. T.]

3 Espaços livres de formação para negros que se proliferaram nos Estados do Sul. Formavam parte dos esforços do Movimento pelos Direitos

o currículo das Freedom Schools em suas performances. São performances pedagógicas. Basicamente eles estão envolvidos com um tipo de prática de estudo móvel e itinerante que se situa ao redor de determinados conjuntos de protocolos relativos à problemática e às possibilidades do som. Eles estão envolvidos nesse processo que é, na minha opinião, muito interessante e se constitui como um modelo do estar junto com pessoas diferentes no mundo, em diferentes lugares. A questão é que, a partir do currículo das Freedom Schools, algumas perguntas foram feitas às pessoas que estavam participando da experiência, tanto estudantes como professores. Uma das perguntas era: o que não temos e precisamos, queremos ou queremos conseguir? Mas a outra pergunta, que, a meu ver, precede a primeira de forma absolutamente irredutível, era: o que queremos preservar daquilo que temos? E, claro, há uma maneira de pensar no que estava acontecendo no Mississipi em 1964 que está condicionada à ideia de que a última pergunta que você consideraria relevante para as pessoas naquela situação, para o povo preto do Mississipi em 1964, seria: o que vocês gostariam de preservar do que possuem? O pressuposto é de que eles estavam vivendo uma vida de privação absoluta – eles não eram nada e não tinham nada, e "nada" deve ser compreendido aqui em sentido estrito, como ausência. O que a segunda pergunta, a que foi apresentada antes, pressupõe é que: a) eles possuem algo que eles querem preservar; e b) as pessoas que estavam ferrando a vida deles não

---

Civis para a organização das pessoas negras na luta por igualdade social, política e econômica. Uma das experiências mais significativas ocorreu no Estado do Mississipi, com a organização de mais de quarenta escolas nas comunidades negras a partir de 1964. Mais de 3 mil pessoas de idades variadas participaram do projeto. Os professores eram todos voluntários, muito deles estudantes universitários. [N. T.]

têm tudo, e parte do que queremos fazer é nos organizar em torno do princípio de que não queremos tudo o que elas têm. Não só muitas das porcarias que elas têm são ruins como também é ruim o próprio modo de ter delas. Não queremos isso. Não precisamos disso. Precisamos evitar isso. O que estou dizendo é que existe um tipo muito esclerosado de compreensão desse problema do ter e do não ter, do privilégio e do desprivilégio, que estrutura a universidade como um lugar de proliferação de diretivas.

Começamos a pensar sobre a universidade porque estávamos nela. E o Stefano dizia com razão, acho, que acabamos compreendendo que o nosso interesse em entender as condições sob as quais estávamos trabalhando nos levou a reconhecer que aquelas condições estavam sendo produzidas em larga escala, que aquelas condições estavam se proliferando mundo afora – que a universidade era a vanguarda da criação de diretivas e um lugar em que a ubiquidade das diretivas estava servindo de modelo para outros âmbitos do mundo social. As pessoas estavam dizendo: "Podemos pegar essa compreensão esclerosada do estudo ou, digamos, da produção e da aquisição de conhecimento e ela pode ser o centro ao redor do qual organizaremos a exportação desse processo e dessa questão da criação de diretivas". Então vamos lá, vamos organizar o local de trabalho com base em uma sala de aula de uma escola livre. Não vamos mais ter mesas individuais fixas. As mesas vão ser redondas e as pessoas vão poder praticar algo parecido com movimento, e vamos dizer que estamos preocupados com a educação continuada delas e que queremos que elas se sintam livres para expressar as próprias ideias. O que as pessoas estavam realmente fazendo era usar a casca vazia daquilo que costumava ser chamado de educação para dizer: "Podemos usar

7. UMA ENTREVISTA COM STEVPHEN SHUKAITIS

essa casca para exportar o aparato de diretivas para o mundo". Percebemos que não estávamos tentando apenas entender o que estava ferrando a nossa própria situação, estávamos tentando entender também como as condições essenciais da nossa própria situação estavam sendo exportadas para todo o mundo. **SH** Sim, é isso mesmo. As diretivas são destinadas especialmente aos pobres, e isso se dá essencialmente porque, como Fred estava dizendo, a riqueza de ter sem possuir – que existe entre os pobres, o que não significa que os pobres também não sejam pobres –, o princípio social de ter sem posse, é ambivalente. Por um lado, evidentemente, o capital quer isso; é essa bobagem toda de direitos de propriedade intelectual, de deixar as coisas meio no ar para que as pessoas lidem com elas de forma produtiva. Por outro lado, isso não é tolerável no longo prazo, e acho que é por isso que estamos diante de uma situação estranha, que eu chamo de neoliberalismo extremo, com idas e vindas permanentes: ora lançam essa espécie de drone perverso contra os pobres, esses *nightriders* que criam diretivas a partir de lugar nenhum para qualquer pessoa que supostamente precise ser corrigida, ora utilizam a governança contra os pobres. E isso tem a ver com as alternativas à propriedade que eu considero serem uma herança dos pobres, ou uma "deserança", ou algo assim. Policial mau, policial mau, sabe como é?

Sinto que existe uma relação entre a governança e as diretivas. Ambas são geradas na universidade – não só na universidade, elas são geradas também nas ONGs e em outros lugares. Me impressiona que, quando se trata dessas diretivas, estamos frequentemente diante de alguém que presume conhecer o problema. Quando o assunto é a governança, lidamos com uma situação em que se imagina, em primeira instância, que, em vez de precisar consertar alguém para poder extrair alguma coisa dessa pessoa, existe a possibilidade de uma extração direta – que coincide com o que o campo da logística deseja. Nesse sentido, a governança me faz pensar no que Mario Tronti diz sobre o processo de trabalho. Tronti não utiliza o termo "processo de trabalho", mas diz: "Vejam, o trabalhador traz tudo: a relação de classe, o antagonismo, a socialidade. A única coisa que o capital traz é o processo de trabalho, são eles que o estabelecem". Como afirma Poulantzas, eles iniciaram e controlam o processo de trabalho. É disso que se trata a governança, a meu ver. A governança é simplesmente o processo de trabalho. É a coisa menos importante, mas é o momento organizacional, a resistência organizacional àquilo que estamos fazendo. E por ser esse o momento em que estamos agora, existe uma situação em que, para as pessoas que estão envolvidas em formas de organização, como os professores, por exemplo, há um confronto mais imediato – por causa das diretivas e da governança, e de sua ubiquidade – entre se transformar quase imediatamente em polícia e encontrar outras formas de estar com os outros. Somos forçados a escolher mais imediatamente. Isso também parece indicar por que existe tanta ansiedade na universidade, quase imediatamente; não é mais possível se esconder em uma instituição liberal imaginária. Nessa espécie de instituição algorítmica, em que a única coisa operante é a lógica da eficiência, muito rapidamente, quando você trabalha na universidade, ou você encarna a polícia ou precisa encontrar outro modo de existir nela. Acho que isso acontece como uma reação às formas crescentes de autonomia na vida social, uma reação que assume a forma da governança e das diretivas. Os acadêmicos estão enredados nisso. Eles precisam encarar o fato de que não existe possibilidade de não escolher um lado.

7. UMA ENTREVISTA COM STEVPHEN SHUKAITIS

Eu perguntaria então sobre outras formas de responder à sedu-ção da governança. Ou quais são seus interesses? O que vocês esperam? Estou pensando no mundo das ONGs, *onde há uma prospecção do trabalho imaterial, dos seus interesses, para governá-los. Como se responde a isso? O motivo por que abordo essa questão a partir do ponto de vista da sedução é que alguns amigos, e eu mesmo, ingressamos na academia ou no mundo das* ONGS *porque estávamos tentando não ser engolidos por uma forma específica de processo de trabalho, ou seja, esse ingresso era pensado como uma fuga. Mas essa fuga acabou sendo ape-nas uma forma diferente de prospecção e, no final, fomos engoli-dos por uma forma diferente de trabalho – quase mais profunda, mais problemática.*

SH Sim, o processo de metatrabalho que acaba engolindo a gente. A questão-chave em relação às ONGS – e isso é em parte verdadeiro para as universidades, mas não no mesmo grau, por causa da estranha figura do professor – é que o seu etos ver-dadeiro não é falar por um grupo que não está falando, mas provocar de algum modo o grupo a falar por si mesmo. Tudo gira em torno do "esse grupo precisa encontrar a própria voz e protestar contra a barragem ou outra coisa qualquer". Por um lado, você pensa: "Porra, que outra coisa dá para fazer? Quer dizer, é claro que temos que lutar contra a barragem". Por outro lado, me parece, sim, que você está pedindo que as pessoas se convoquem a uma forma específica de identidade. É isso que Gayatri quer dizer quando afirma que o primeiro direito é o direito de recusar direitos, eu acho. Me parece, então, que uma ONG pode ser um laboratório para tentar solicitar das pessoas, tentar prospectar nas pessoas as suas formas especí-ficas de estarem juntas e pedir que elas traduzam essas formas, em última instância, para o capital, ou qualquer coisa assim.

Não sou fã dessa ideia de que podemos ser inescrutáveis ou invisíveis ao capital. Mas sempre existem elaborações da vida social que não são compreendidas ou exploradas pelo capital. O capital, em sua agência, simplesmente não entende, necessariamente. A governança é uma maneira de tornar essas elaborações mais legíveis em certos sentidos. E elas não são ilegíveis porque alguém está tentando ser ilegível. Acho que, quando você está tentando ser ilegível, você já é legível.

Então, se você está me perguntando o que fazer nessas circunstâncias, eu concordo que é uma pergunta difícil e, na prática, continuo a lecionar em circunstâncias que incluem dar certo acabamento no estudante, dando notas e esse tipo de coisa. E não estou dizendo que de repente as pessoas deveriam deixar de trabalhar em ONGS. Mas também sinto que é necessário tentar elaborar formas que não nos levem a percorrer essa trajetória política, que não exijam que sejamos suficientemente autodeterminados para ter voz e interesses – e reconhecer que as pessoas não precisam ter interesses para estar umas com as outras. Não precisamos começar dizendo: "Sou fulano de tal e gosto de fazer isso e aquilo". Quer dizer, as pessoas não precisam se relacionar umas com as outras por meio de sites de relacionamento. Você não precisa se elaborar enquanto indivíduo para estar com outras pessoas – e na verdade, pelo menos do meu ponto de vista, isso interdita a possibilidade de estar com outras pessoas.

FM Fiquei pensando numa coisa que você disse, Stefano, sobre como o capital inicia ou oferece uma estrutura. E queria dizer que gostaria de elaborar um pouco esse poder supostamente iniciatório do capital. Porque aquilo que você está chamado de "iniciação" eu penso como "chamar uma situação à ordem".

7. UMA ENTREVISTA COM STEVPHEN SHUKAITIS

Sim, e aí vira uma chavinha.

FM É assim que funciona. E, com relação à sedução, existem duas maneiras de pensar sobre isso. A primeira é uma espécie de produtividade normativa que exige ordem, exige responder a um chamado à ordem. Outra maneira de olhá-la seria dizer que, para ser reconhecível, é preciso responder ao chamado à ordem – e que a única maneira genuína e autêntica de viver no mundo depende de ser reconhecível nos termos da ordem. Mas é como entrar na sala de aula alguns minutos mais cedo quando você é o professor e deparar com gente zanzando, conversas rolando, pessoas falando sobre a aula e outras sobre algo completamente diferente – e ao mesmo tempo você estar pensando sobre a aula ou sobre alguma coisa completamente diferente. Minha posição, nesse momento, aquilo que devo fazer, é me tornar um instrumento da governança. O que devo fazer é chamar a sala à ordem, o que pressupõe que não existe uma organização de fato em vigor, um estudo que estivesse acontecendo antes de eu chegar, um estudo, um planejamento. Chamo a sala à ordem e aí algo pode acontecer – o conhecimento pode ser produzido. É esse o pressuposto.

Isso é muito difícil. O que é absolutamente interessante para mim é simplesmente não chamar a sala à ordem. E você pode pensar nisso em termos literais, como um gesto simples no plano de certa performatividade e dramaticidade. O que estou dizendo é basicamente: "Vamos ver o que acontece se eu não chamar a sala à ordem" – aquele breve instante em que o tom da minha voz muda e se torna ligeiramente mais autoritário para que as pessoas saibam que a aula começou. E se eu disser simplesmente: "Bom, estamos aqui. Estamos aqui agora"? Em vez de anunciar que a aula vai começar, reconhecer que a aula já começou? Parece um gesto simples e pouco importante, mas considero que é um gesto muito importante. Acho que também é importante reconhecer como seria difícil não o fazer. Em outras palavras, como seria difícil, consistentemente, não proferir um chamado à ordem. Mas também reconhecer como seria importante, como seria interessante que novas coisas emergissem da capacidade de recusarmos proferir um chamado à ordem. Ao reconhecer todas as outras coisas que poderiam acontecer, veja o que acontece quando você se recusa, naquele momento, a se tornar um instrumento da governança, veja como ocorre um certo tipo de desconforto. Já tive estudantes que fizeram o chamado à ordem, como se houvesse um vácuo de poder que precisasse ser preenchido.

Como George Orwell sendo pressionado para atirar no elefante.
FM Eu fico muito irritado com um certo tipo de discurso em torno dessa estranha forma de narcisismo – a moeda de duas faces do narcisismo do trabalho acadêmico – que naturaliza a miséria de um lado da moeda e, do outro, aceita totalmente a ideia de privilégio absoluto. Por um lado, você acorda todo dia se sentindo miserável e dizendo: "As coisas são assim". Por outro, você acorda todo dia dizendo: "Olha como sou privilegiado de estar aqui. Pense em todas aquelas pessoas pobres que não têm o mesmo privilégio". Um dos efeitos negativos e deletérios desse tipo particular de narcisismo é que ele não reconhece uma das coisas mais legais da universidade (não estou dizendo que a universidade é o único lugar onde isso acontece, mas que é um dos lugares onde isso acontece), que é, sempre que você entra na sala de aula, poder ter a chance de não proferir um chamado à ordem para ver o que acontece. E o reitor não vai bater na sua porta para dizer: "Por que você não proferiu o chamado à ordem?".

7. UMA ENTREVISTA COM STEVPHEN SHUKAITIS

Bom, no meu caso, o curioso foi a minha tentativa de não assumir o papel de comando e começar perguntando: "Por que estamos aqui? O que estamos fazendo aqui?"... Digamos que, em muitos aspectos, não deu muito certo, sobretudo porque a resposta da universidade foi: "Você é incompetente! Vamos mandar você para um treinamento de professores e mostrar como se profere um chamado à ordem".

FM E, repito, não tenho a mesma vantagem de Stefano, que viveu dois sistemas universitários, mas sei que nos Estados Unidos ninguém vem bater na minha sala, a administração não vem à minha sala. O que acho que temos aqui é uma situação em que a necessidade do chamado à ordem constitui um pressuposto tão poderoso que se pode contar simplesmente com o fato de que as pessoas vão proferi-lo. Ninguém precisa vir averiguar nada. O pressuposto é que se trata de algo absolutamente necessário e indispensável, então por que alguém faria diferente? O que é ótimo, por que aí ninguém controla você. Você pode fazer outra coisa. Não existe esse tipo de vigilância, essa espécie de disciplina laboral e regulação, no sentido de uma força imposta de fora. A armadilha é a ideia de que você é o seu próprio criador de diretivas, a sua própria força policial. Espera-se que você tenha sido suficientemente bem treinado para saber que deve proferir um chamado à ordem. A partir desse momento, é você que deve se policiar.

Acho que o que estou tentando dizer é que é importante estabelecer uma distinção entre a capacidade do capital, ou da administração, de iniciar algo, em contraposição ao seu poder de realizar um chamado à ordem. Há uma diferença. Eles não iniciam nada. Em outras palavras, o chamado à ordem não constitui, de fato, uma iniciação. Se for uma iniciação, é uma iniciação somente no sentido de ser iniciado em uma fraternidade.

É um novo começo, digamos. É o momento de um estranho e monstruoso renascimento. É, literalmente, renascer por meio da conversão às diretivas, ou à governança. Mas já vinha acontecendo alguma coisa antes. E esse momento de iniciação tem dois gumes. Você está começando uma coisa nova, mas também está tentando – de uma forma radical e meio brutal – pôr fim a uma coisa. A parte horrível é que se trata de um momento de colonização: você está pondo fim a alguma coisa e você está naquele mesmo instante tentando declarar que aquilo nunca esteve lá. "Não só vou impedir você de fazer isso como também vou convencer você de que você não estava fazendo isso".

SH É isso. Acho que é meio nesse contexto que ambos situamos essa questão tão importante para nós. Em outras circunstâncias, Fred e eu conversamos sobre isso, pensando em certo tipo de música, em um *soul* que você talvez encontre em Curtis Mayfield ou Marvin Gaye, em que tem alguma coisa acontecendo, digamos, um experimento com ou no antagonismo general, e aí a música começa. Dá para escutar o público, dá para escutar a multidão, e aí ele começa a cantar ou a música começa a começar. E o que me interessa é: sem fazer um chamado à ordem, como é possível cantar? Não fazer um chamado à ordem não significa que você não queira começar alguma coisa com outras pessoas, que não exista nada que você queira começar com as outras pessoas. Temos as nossas próprias versões de insistência e persistência no estudo.

FM A forma não é a erradicação do informal. A forma é aquilo que emerge do informal. O exemplo clássico desse tipo de música de que você está falando, Stefano, é "What's Going On?", de Marvin Gaye – e, claro, o título já está anunciando que: "Porra, tem alguma coisa acontecendo!". A música emerge do fato de que já estava acontecendo alguma coisa. De uma perspectiva limitada, tem gente zanzando e se cumprimentando e, de repente, algo que reconhecemos como música emerge disso. Mas se você parar meio segundo para pensar, você vai dizer: "A música já estava tocando". A música já estava sendo feita. Aquilo que emerge, então, não é a música em geral, em oposição ao não musical. Aquilo que emerge é a forma, a partir de algo que chamamos de informalidade. O informal não é ausência de forma. É a coisa que dá a forma. O informal não é o informe. E aquilo que as pessoas estão fazendo no começo de "What's Going On" é estudo. E quando Marvin Gaye começa a cantar, isso também é estudo. Não é o estudo que emerge da ausência de estudo. É uma extensão do estudo. E a música popular negra – tenho mais familiaridade com a música de 1960 em diante – está simplesmente repleta disso. Essa coisa se torna algo muito maior do que aquilo que chamaríamos de dispositivo – e está muito emaranhada na noção do álbum ao vivo. O ponto é que isso é mais do que um mero dispositivo. É mais do que um simples tropo. É quase como se, digamos, todo mundo tivesse de introduzir esse momento em suas práticas de gravação apenas para não se esquecer – e fazer todo mundo saber – que a música vem dali. Não veio de lugar nenhum. Se veio de lugar nenhum, se veio de nada, ela está basicamente tentando dizer que você precisa de uma nova teoria de nada e de uma nova teoria do lugar nenhum.

SH Sim, e você encontra isso em qualquer *rap*, que é sempre sobre dizer: "É aqui que moramos e olha aqui esse som".

FM É isso aí, "é assim que a gente faz" [*this is how we do it*]. Meus filhos ouvem umas porcarias e estou tentando não ser assim, mas às vezes solto um: "Deixa eu colocar uma coisa boa pra vocês ouvirem". Se você escuta os Staple Singers em "I'll Take You There" [Eu levo você lá], você percebe um pequeníssimo refrão, uma pequena estrofe, e aí toda a parte do meio da música é Mavis Staples dizendo para a banda começar a tocar. "Little Davie [o baixista], precisamos de você". E para o pai, o grande guitarrista Roebuck "Pops" Staples, ela diz: "Pai, pai". Depois o verso seguinte é: "Fulano, toca o piano". Essa é a parte do meio da música. O coração da música. Não é a letra. É só ela dizendo: "Toquem", e eles já estão tocando. E não é um chamado à ordem. É um reconhecimento, uma celebração daquilo que já está acontecendo.

E tem James Brown dizendo: "Take it to the bridge" [*Passa para a ponte*].

SH Sim, e acho que é por isso que não consigo pensar nos termos de uma gestão do comum – porque me parece que, em vez de se juntar, ou procurar maneiras de fazer experiências com esse antagonismo geral, o primeiro ato da gestão é imaginar que o que é informal ou já está ocorrendo demanda uma ação de organização. Acho também que é por isso que, quando falamos de certos tipos de desassentamento, estamos falando de nos juntar a algo que já está permanentemente desassentado, ao que foi embarcado, contra o que está sendo imposto. Você tem toda a razão, porque Poulantzas, quando fala da iniciação, diz basicamente que "são nove horas da manhã, liguem as máquinas". Quer dizer, é impossível que isso pudesse ser o início de algo significativo, para além do controle.

Quando vocês falam de "organização profética", que sentido tem para vocês "profecia" ou "organização"? Se vocês não estão simplesmente convocando algo que não estava lá, o que seria essa noção de "profético"? É chamar à existência aquilo que já existe?
SH Para mim "profético" e muitos dos termos que utilizamos são apenas formas de enriquecer a existência, para evitar que

7. UMA ENTREVISTA COM STEVPHEN SHUKAITIS

sejam achatados para o tamanho de suas definições correntes na política. Para mim, é apenas uma forma de pensar no enriquecimento da existência que já existe, a qualidade já social do tempo e do espaço, o que significa que você pode estar simultaneamente em mais lugares, e ser mais de um, e que ver coisas e escutar coisas é só uma maneira de estar com os outros. Isso significa o ponto de vista de cada ponto de vista e de nenhum, como dizemos Fred e eu, o ponto de vista dos embarcados, dos conteinerizados, dos desassentados e dos desassentadores.

FM Acho que o que você disse está certo. É definitivamente ver coisas e escutar coisas. É engraçado, porque estou agradavelmente surpreendido com o fato de que utilizamos o termo "profético". Estou feliz que o termo esteja aí, porque eu o associo a Cornel West. Houve momentos em que eu teria me oposto estridentemente ao uso desse termo, provavelmente por causa da sua associação com o pragmatismo reivindicado por West. Mas agora estou pensando que o termo é legal, porque se refere a ver coisas e escutar coisas. Um outro modo de dizer é: fala de poder estar em dois lugares ao mesmo tempo, mas também de poder estar duas vezes no mesmo lugar. Em outras palavras, está muito ligado à noção do futuro no presente de C. L. R. James – e, classicamente, o profeta tem acesso a ambos os tempos. O profeta é aquele que diz a verdade nua e crua, que tem a capacidade de ver a brutalidade absoluta do já existente, torná-la evidente e dizer essa verdade, mas também de ver de outro modo, dizer o que poderia ser. Um sentido duplo, uma capacidade dupla: enxergar o que está bem diante dos seus olhos e enxergar além daquilo para ver o que se anuncia mais adiante. E uma das maneiras pelas quais o trabalho acadêmico está se esclerosando, digamos, é precisamente porque ele imagina que o modo principal de trabalho, sobretudo de um certo tipo de trabalho acadêmico de esquerda, é uma espécie de visão lúcida sobre aquilo que está realmente acontecendo naquele momento – e que o trabalho pode se reduzir a isso. Outro modo de dizer isso é que, na medida em que o trabalho é concebido assim, o trabalho somente conta como trabalho quando é destituído do jogo – em que por jogo se entenderia simulação, ver aquilo que poderia ser, fantasia.

ALÉM E ABAIXO DO CHAMADO À ORDEM

Gostaria de voltar à questão sobre proferir um chamado à ordem e, mais especificamente, sobre não proferir um chamado à ordem. Vamos tomar como exemplo o álbum Nation Time [*Hora da nação*], *de Joe McPhee. Em certo sentido, parece que McPhee está proferindo um chamado à ordem, persuadindo a plateia a participar de um sistema predefinido de chamado e resposta:* "What time is it?" "Nation time". *Mas, sob outra perspectiva, qualquer ordem que se efetive a partir desse chamado à ordem, seja que ordem for, rapidamente se dissolve ou se transforma em alguma outra coisa por meio da improvisação coletiva. Fred, isso está muito vinculado ao modo como você descreve a negridade como algo que está ocorrendo "na quebra" – mas eu me pergunto como alguém poderia estar, ao mesmo tempo, realizando um chamado à ordem e realizando um chamado à mutação, ou a uma quebra, ou talvez a uma ordem diferente.*

FM Sempre achei que *Nation Time*, cantado pela primeira vez por Amiri Baraka e interpretado por McPhee, que depois o reconfigurou, era na verdade uma espécie de anúncio do internacional e, para além disso e por meio disso, do antinacional. Me parece que o nacionalismo negro, uma extensão do pan-africanismo – que é a resistência a uma África específica de dentro da própria África, vista como uma combinação venal, administrativa e acumulativa de agrupamento e divisão –, atravessa a nação. Quer dizer, para mim, só tem sentido se for pensado como uma resistência, com profundas diferenças internas, à imposição de Westfália, que ganha vida como invenção e destruição simultâneas da África, como interação brutal entre a atrocidade colonial e a organização do massacre racial em grande escala. Aquilo que é chamado de luta nacional, o modo como aparece na reivindicação cultural e se apresenta como internacional, em contraposição à opressão nacional e à imposição da brutalidade paroquial – são essas perguntas que Fanon persegue para criticar mas também para destruir e desintegrar o chão onde o colono se estabelece, o ponto de vista do qual emana a violência da colonialidade e do racismo. Não acho que estejamos simplesmente inventando coisas. Quer dizer, acho que aquilo que apontamos é real – esse fenômeno em que o apelo à nação faz parte do antinacionalismo, em que um chamado à ordem é, em realidade, um chamado à desordem, à lise completa. É isso que a sua pergunta está buscando, Stevphen, e me parece ser isso que ouvimos quando escutamos esse corte de McPhee. E o que é legal é a estridência e o estriamento do chamado e das respostas que ele recebe. Não há nenhuma pureza de tom nos seus metais, na sua voz ou nas vozes daqueles que, por falta de expressão melhor, respondem; o solista já é menos e mais do que um. E, como afirma Cedric Robinson em *The Terms of Order*, que é uma bela e incrível ode à desordem, aquele que dizem que deu a ordem é já o efeito de uma resposta que veio antes dele, essa é a informalidade generativa a partir da qual emerge a forma. Eles já sabem a resposta à pergunta que eles pediram para ele fazer. Eles já sabem que horas são, e essa combinação de pergunta e resposta, essa junção na quebra de todas essas vozes já quebradas é o momento em que a música se torna uma demanda, toma a forma de uma demanda – que se manifesta sob o disfarce de uma única voz ou de um chamado nacional. É uma espécie de delírio (como diria talvez Deleuze, via Hume) tomando a forma de, movendo-se no hábito de, tomando o hábito de uma articulação soberana, algo que um "eu" ou um "nós" diria. Mas trata-se em realidade – de que se trata quando as pessoas perguntam "de que se trata?" – de uma retransmissão da respiração que vem de algum outro lugar, que parece vir de lugar nenhum. É fácil errar não apenas a origem, mas errar tudo quando se pensa nessa questão nos termos de uma origem. Não acho que McPhee pretenda ser ou que seja originário. Talvez exista uma via secreta, aberta por uma palavra singular ou secreta, que permita mover-se por essa constante organização e desorganização da demanda que toma a forma-em-deformação de uma única voz que consente e convoca sua própria multiplicação e divisão. O argumento de Fanon de que a demanda é neurótica, em uma concepção preexistente de uma ordem ou de uma normalidade psicológica ou algo assim – ele diz isso em *Pele negra, máscaras brancas* –, está ligado ao reconhecimento de que um movimento anticolonial teria de estar necessariamente direcionado para a desordem completa, para a lise total. E essa neurose não está ligada apenas ao fato de que, sob a perspectiva da soberania, a demanda para a destruição da soberania não tem sentido; ela está ligada ao fato de que a demanda é enunciada em uma linguagem maluca, na fantasia maluca daquele que se considera o escolhido. Então o ponto é que o chamado à ordem é um chamado à e a partir da desordem. É disso, eu acho, que McPhee está falando. Se você prestar atenção, dá para escutar o ponto de partida dele.

7. UMA ENTREVISTA COM STEVPHEN SHUKAITIS

SH Para mim, com relação ao movimento Occupy, havia três coisas simultaneamente em jogo, que podemos chamar de pedido, demanda e chamado. O pedido é basicamente aquilo que gera a paranoia constante de Wendy Brown: você faz um pedido à autoridade e, ao fazer esse pedido à autoridade, você já está implicado. Evidentemente, havia pessoas no Occupy que escutavam "pedido" – pedido a alguém – quando as pessoas diziam "demanda": "Queremos que vocês reformem o sistema bancário, queremos que vocês façam isso". E existe a demanda, que é inegociável – e era isso, a meu ver, que interessava Kathi Weeks. Mas agora há pouco vocês estavam falando de um chamado, um chamado à desordem, que já constitui um acionamento, um acionamento ontológico de algo. A demanda, aqui, é inflexível, mas permanece no âmbito da proposição de algo que não está lá, o que é esperado, uma vez que existem de fato coisas que não estão aqui. Mas creio que no caso do chamado – como eu o entendo, o chamado inscrito na dinâmica do chamado e da resposta – a resposta já está lá, antes mesmo de o chamado ser proferido; creio que o chamado é posterior à resposta. Já estamos no meio de algo.

Para mim, chamado é aquilo que as pessoas tentavam enunciar quando diziam: "Mas são demandas biodiretivas", ou: "É uma política biopolítica", o que significa que não se tratava de uma política em que se pedia algo à autoridade, tampouco uma política em que se demandava algo (a despeito da autoridade). Em vez disso, era uma demanda que já estava sendo acionada, cumprida no próprio chamado. Acho que isso não estava muito claro para mim ou para o pessoal do Occupy, e talvez tenha sido assustador para alguns quando ficou evidente – certamente foi assustador para as autoridades. E isso, é claro ficou mais óbvio para mim não no Occupy, mas nas revoltas de Londres [em 2011], sobre as quais Fred escreveu lindamente em outro texto e que aqui chamamos de "irrupções de logisticalidade", aquilo que dá origem à ciência capitalista da logística e hoje é desenfreado. O que é interessante nesse revoltismo, e já conversei com esses jovens sobre isso, é que após três dias todo mundo dizia a mesma coisa: "Por três dias mandamos em Londres. Por três dias Londres foi nossa. Por três dias a cidade funcionou como a gente queria que ela funcionasse". E, basicamente, eles não fizeram nenhuma demanda. Eles simplesmente começaram. Houve um chamado: vamos para a rua e vamos apenas mandar na cidade durante três dias. Bom, talvez eles não tenham mandado na cidade da maneira que se teria mandando se o chamado tivesse sido mais completo ou diferente. E, claro, aqueles jovens receberam penas incrivelmente absurdas, sem contar todo o resto. Considerando a fúria da repressão estatal dentro do sistema jurídico, o Occupy não foi nada em comparação com ela. Não quero minimizar a violência contra o pessoal do Occupy nos Estados Unidos. As revoltas em Londres foram onde pudemos ver esse tipo de chamado. Então, para mim, não é surpreendente que o chamado pelas redes sociais tenha sido aquilo que foi criminalizado mais rápido.

FM Quero dizer mais uma coisa sobre a demanda. Quero me ater mais ou menos ao termo. O motivo é que vejo uma diferença entre pedido e chamado, mas quero voltar à história da palavra "demandar", que também significa "fazer uma reivindicação" e às vezes "fazer uma reivindicação legal" – e a ideia toda da "demanda" é que você se dirige a uma autoridade. A autoridade da demanda pode ser concedida pelo Estado, na medida em que você atua como um servidor do Estado, o que significa que, quando você faz a sua demanda, você tem o respaldo do Estado e do poder de violência e coerção do Estado. Mas também existe uma noção de reivindicação ou demanda em que a autoridade da demanda é derivada de um delírio ou fantasia multifônica que corrói a autoridade unívoca da soberania. É isso que tenho em mente em relação a McPhee e seu tom. Você escuta o disco... É de 1970. Coltrane morreu em 1967, mas continua no ar. E o seu tom era um tom de apelo – "apelo" é uma palavra legal, "apelo" como em "fazer um apelo", mas também no sentido do badalar de um sino[4] –, havia uma intensidade urgente em seu som, uma estridência. O que estou tentando dizer é que havia essa noção de cacofonia da demanda.

O pessoal que estava basicamente dizendo que "não queremos fazer nenhum tipo de demanda" – havia dois elementos para isso. Uma maneira de dizer que resistíamos a fazer uma demanda é dizer que, em realidade, estávamos resistindo a fazer um pedido. Não queríamos fazer uma demanda porque fazer uma demanda significa, essencialmente, fazer um pedido, o que, essencialmente, já significa aceitar a autoridade do Estado para acatar ou recusar nosso pedido, após ele ter reconhecido o nosso lugar, o nosso direito a fazer pedidos, ainda que ele seja também a fonte do nosso mal-estar, ainda que o reconhecimento pelo Estado intensifique – em vez de remediar – esse mal-estar. Essa é a formulação que Wendy Brown faria. Outra versão, me parece, poderia ter alguma ligação com o fato de a demanda vir de uma autoridade. A fala propriamente autorizada e de autoridade da demanda adquire a forma de uma fala unívoca e única. É basicamente um falante soberano silenciando ou tentando arregimentar, sob a própria fala hínica, todas essas outras formas de fala. Então, mais uma vez, emerge uma noção única de demanda, quando na verdade o que existe são inúmeras pessoas fazendo

---

4 No original, há um jogo de linguagem entre "*appeal*" e "*peal*". A palavra "*appeal*" contém a palavra "*peal*", que significa o badalar dos sinos. [N. T.]

inúmeras demandas, algumas contraditórias – e o que queríamos era manter a forma de uma multiplicidade anatemática + anti-hínica, porque o ponto era esse.

E se a fala de autoridade estiver desvinculada da noção de um falante unívoco? E se a fala de autoridade já estiver contida na multiplicidade e na multivocalidade da demanda? Isso era uma coisa que também estava acontecendo naquele momento na música, de modo que a figura do solista foi descentrada. Mesmo que o solista, em certo sentido, estivesse ocupando apenas temporariamente uma espécie de posição soberana, o retorno às práticas de improvisação coletiva era uma maneira de dizer: "Estamos fazendo uma música que é suficientemente rica e complexa para que você, quando a escutar, escute múltiplas vozes, vozes construídas de múltiplas formas. De certo modo, nós deslocamos a centralidade do solista". Outra forma de dizer isso é que, na própria figura do solista, há essa exaustão e essa magnificação do instrumento, esse zumbido nos metais – e podemos escutar isso no som de McPhee em *Nation Time*. Ele toca harmônicas no trompete, então o próprio trompete se torna algo além de um instrumento de uma linha só, ele se torna acórdico, social. E esse som acórdico aparece para nós, auraticamente, como gritos, grasnados, algo que foi codificado ou denegrido como extramusical – como um ruído, em vez de sinal. O que estou tentando fazer, portanto, é considerar essa noção de demanda como um apelo, uma reivindicação, em que não estamos fazendo um apelo ao Estado, mas uns aos outros. Um apelo, desse jeito – produzindo todo esse sonzaço, todo esse barulho. Você é um conjunto, e isso está vinculado às noções de estudo e socialidade sobre as quais estamos falando.

Quero dizer, enfim, que concordo com tudo que você disse sobre o chamado, mas gostaria de manter a palavra "demanda" só pela maneira particular como Fanon a indexa, porque ele fala dela em relação à compreensão interessada e reguladora da neurose.

SH Dessa parte eu gosto, mas a parte que me preocupa em relação a Fanon é que, para ele, a demanda parece ser futurista. E me parece que, quando falamos dos Panteras Negras, uma das coisas mais legais neles é que eles tinham um programa revolucionário que era em parte sobre preservação. Era como uma revolução na temporalidade presente de uma vida negra que já existia.

FM Deixe eu lhe dizer uma coisa: você está certo. Eu gosto do fato de Fanon associar a demanda com a neurose. Em *Pele negra, máscaras brancas*, o neurótico é problemático, e isso, eu acho, está muito ligado – ou aponta em direção – a certa compreensão da socialidade negra como patológica e não há nada nisso que Fanon queira preservar em seu livro. Em *Os condenados da terra*, por outro lado, acho que ele tenta preservar muita coisa dessa socialidade. Ao mesmo tempo, a neurose é também a condição do soberano, a tentativa usual de regular a desordem geral e generativa. O que significa chamar à desordem na "língua nativa" do soberano? Como é que se chega à evasão contínua da natalidade, que é de onde ou de que – ou, mais precisamente, por meio de que – vem esse chamado? O caminho que é forjado pela negação e pela reversão não nos leva até lá, ou nos leva a algum lugar diferente, algum delírio de origem ou de lar, algum lugar alcançável para ou por meio de um movimento de retorno. Acho que Fanon está sempre se movendo na contramão desse itinerário de retorno, dessa reversão de imagem ou perspectiva. Mas é por isso que é tão crucial persistir no trabalho de Aimé Césaire ou Amiri Baraka ou Samuel Delany, para compreender que os vários retornos que eles parecem acionar ou compor são sempre mais e menos que isso. Fanon entende que a própria adoção de uma visada anticolonial parece insana de uma perspectiva normativa. Em primeiro lugar, para mim, isso é bom. Isso é significativo. Em outras palavras, trata-se de dizer: "Eu vou reivindicar essa coisa que parece insana sob a perspectiva de vocês". Mas, evidentemente, o problema de Fanon em *Pele negra, máscaras brancas* é que é possível fazer essa coisa que parece insana sob uma perspectiva normativa, mas de certo modo, e por motivos complexos, não existe uma perspectiva não normativa. O não normativo é precisamente a ausência de um ponto de vista, e é por isso que não pode nunca ser constituído pela preservação. Finalmente, creio, ele passa a acreditar no mundo, o que significa o outro mundo, o mundo que habitamos e onde talvez até mesmo cultivemos essa ausência, esse lugar que aparece aqui e agora, no espaço e no tempo do soberano, como ausência, escuridão, morte, coisas que não são (como diria John Donne).

E o que eu quero é dizer, na contramão de Fanon, mas de uma maneira que ele me permite e exige que eu diga: não, vamos olhar para essa merda da nossa perspectiva, da perspectiva daqueles que estão circunscritos à zona da insanidade, ou, para ser mais preciso, da perspectiva ausente, ou da ausência de perspectiva, do delírio e do mais ou menos insano. E o que estamos dizendo é que essa é a nossa reivindicação, não apenas porque está na contramão do normativo, não apenas porque ela permite que chamemos a algo no futuro; reivindicamos isso porque é quem somos e é o que estamos fazendo agora. Não acho que Fanon diz isso em *Pele negra, máscaras brancas*, mas acho que ele se aproxima disso no momento em que sua vida é interrompida, basicamente. Isso não é simplesmente para reprimir ou esquecer as armadilhas do espontaneísmo ou os problemas da consciência nacional; trata-se, precisamente, de se lembrar deles e daquilo que os conduz; considerar aquilo que se move nesse jogo entre o estudo e o sentido expansivo de quem somos e do quê. O "quem, nós" derridiano já está no ar argelino de Fanon – essa questão em aberto sobre o ser humano e o seu som, que agora podemos levar mais longe, rumo a uma ecologia geral ou algo como um "plano de imanência" deleuziano. Acho que é possível fazer uma projeção a partir do último livro de Fanon e depois voltar ao jogo entre o neurótico e a demanda que ele começa a abordar nos capítulos sobre os problemas mentais e a luta anticolonial em *Os condenados da terra*, porque ele começa a reconhecer que a luta anticolonial está entrelaçada com uma forma de cogitação meio não normativa e radical, que ela precisa ser pensada, que ela já está sendo pensada, de outra forma. É essa coisa que Shakespeare diz: o lunático, o amante e o poeta são feitos só de imaginação. É só editar, não? O lunático, o amante e o guerrilheiro anticolonial são feitos só de imaginação. E essa é uma formulação estética de Shakespeare, mas ela tem implicações sociais imensas, que precisam ser exploradas, que em certo sentido Fanon anuncia, algo que estamos associando com a negridade e os sobcomuns, algo que ele tenta alcançar, algo que estamos tentando aprender a tentar alcançar ou conseguir. Mas o que compreendemos como o território social da negridade e dos sobcomuns é o território, precisamente, em que fazemos essa reivindicação – de modo que a demanda possua uma voz duplicada, uma enunciação interessada em outras coisas além do chamado que ela realiza. Você está dizendo o que você quer, mas você quer mais do que você diz, ao mesmo tempo que você diz o que você é disfarçado de algo que você não é. Existe uma outra formulação de Baraka, que McPhee conhecia bem: "A nova música negra é isto: encontre o eu e depois o mate". Esse tipo de coisa é dito de um ponto de vista neurótico, no hábito neurótico do solista. Mas o solista não é unívoco. Assim como foi sempre mais do que "o direito a votar" ou o sabor melhor da água deste bebedouro em oposição à daquele.

SH E acho que, em parte, isso está diretamente ligado ao fato de ter sido embarcado, porque isso significa que você está desamarrado de uma posição. Quando você está navegando os circuitos do capital, você está em todas as posições e, nesse ponto, a demanda se torna do futuro e do presente, algo que já foi realizado e que ainda está por acontecer. E isso volta a se conectar com aquilo que estávamos falando sobre escutar coisas e ver coisas, sobre a relação entre demanda e profecia, o que também está totalmente entrelaçado com ter sido embarcado.

FM É exatamente sobre o que você estava falando: em outra versão do embarcado, da logisticalidade, Woody Guthrie pega carona em um trem de carga com pessoas que servem de travesseiro umas para as outras. E você já pode emendar com [a música da Guthrie]: "I ain't got no home in this world anymore" [já não tenho lar neste mundo]. E você pode emendar "I ain't got no home in this world anymore" com os álbuns *Ascension* ou *Interstellar Space*, de John Coltrane, em que a forma musical é inteira sobre a ruptura, sobre criar uma forma nova, fora da ideia de um retorno estrutural necessário a uma nota tônica. Não há um centro tonal. Não existe lar assim. As improvisações estão desamarradas, nesse sentido. E, obviamente, isso acontece em Arnold Schoenberg ou outros. O ponto seria então reconhecer que as estéticas mais ousadas e experimentais, as estéticas em que a dissonância é emancipada, andam de mãos dadas com a experiência mais horrível, fodida e brutal de ser simultaneamente acolhido e abandonado.

Essa logisticalidade de dois gumes, em que o embarcado é também um contrabandista que carrega alguma coisa com ele – e

7. UMA ENTREVISTA COM STEVPHEN SHUKAITIS

o que ele carrega é, em primeiro lugar, uma forma radical de não localizabilidade. O ponto é que existe certa forma de se pensar a impossibilidade de ser localizado, dessa exaustão da localização que só pode ser compreendida como privação. Como no percurso de Frank Wilderson, que, ao elaborar sua teoria sobre o antagonismo especial que estrutura a vida negra no mundo administrado, também oferece essa brilhante articulação do desejo de um lar – "Não quero ser um mendigo cósmico" – necessária para qualquer acolhimento possível do desabrigo. Woody Guthrie era um mendigo cósmico, John Coltrane era um mendigo cósmico. Então, mesmo que eu pudesse ser outra coisa que não um mendigo cósmico, eu acolheria o desamparo pelas possibilidades que ele carrega, por mais difícil que seja, por mais difíceis que seja tudo. O desamparo é difícil, sem dúvida. Mas ter um lar é mais difícil. É mais difícil para você e é mais difícil para todo mundo. Não estou necessariamente preocupado com os percalços dos colonos. As dificuldades terríveis que o colono impõe a si mesmo não são a minha principal preocupação, embora no fim elas sejam reais. É essa "imposição da propriedade individual" generalizada, para utilizar os termos vis de Theodore Roosevelt,[5] que mobiliza meu pensamento e que eu procuro minar. Ele sabia que o individualismo possessivo, que o indivíduo autopossuído era tão perigoso para os indígenas quanto um cobertor infectado de varíola. A civilização ou, mais precisamente, a sociedade civil, com toda a sua hostilidade transformativa, foi mobilizada a ser-

---

5   Em referência ao Dawes Severalty Act, de 1887, uma lei que autorizava o presidente dos Estados Unidos a avaliar as terras comunais indígenas e distribuí-la em lotes individuais. Roosevelt não só defendeu essa lei, que foi endurecida durante seu mandato, como argumentou que a imposição da propriedade individual da terra era um remédio contra a decadência moral dos indígenas. [N. T.]

viço da extinção, do desaparecimento. É uma merda genocida. Foda-se o lar no mundo, se você acha que tem um.

SH Como nossos colegas de faculdade, de repente até alguns dos seus alunos em Duke ou, na verdade, os colonos do mundo em geral.

FM Bom, meu interesse principal não é por aqueles que reivindicam e acolhem alegremente a própria percepção de si mesmos como pessoas privilegiadas. Não me preocupo mais com eles do que com os outros. Mas adoraria vê-los chegar a um ponto em que teriam a capacidade de se preocupar consigo mesmos. Porque aí talvez pudéssemos conversar. É como aquele lance do Fred Hampton, que dizia: "Poder branco para pessoas brancas. Poder negro para pessoas negras". Acho que o que ele queria dizer é: "Veja, o problema da coalizão é que a coalizão não é algo que vem para que você possa me ajudar. É uma manobra que sempre volta para os próprios interesses de vocês. A coalizão vem do seu reconhecimento de que está uma merda para você, da mesma maneira que nós já reconhecemos que está uma merda para nós. Eu não preciso da sua ajuda. Só preciso que você reconheça que essa merda também está matando você, seu otário, ainda que muito mais suavemente, entendeu?". Mas acho que é importante essa posição em que você não tem lugar, não tem lar, que está literalmente descentrado, fora dos trilhos, não localizável. Acho que há um ganho nessa parte da obra de Fanon em que a demanda se alinha duplamente à neurose. É basicamente como Malcolm X falando sobre a distinção entre os negros do campo e os negros domésticos. E a principal diferença que ele traçava era que o negro do campo dizia: "Onde posso arranjar um emprego melhor? Onde posso encontrar uma casa melhor?". Ele reivindicava uma localização que não era dele, mas o que ele reivindicava mesmo era a possibilidade de localização. E Malcolm dizia: "Eu estarei no campo. Não apenas na esperança de algo mais, de outra coisa, de algo diferente daquilo que acreditamos ter, mas porque há algo no campo: mesmo na despossessão há uma clareira".

SH Sim, também senti isso nessas revoltas de Londres. É sempre o mesmo papo: "Por que eles estão destruindo o bairro onde eles moram?". É claro que, em parte, é porque eles não são donos desses bairros. Mas eles também estão dizendo: "Porque deve haver algo melhor do que o lar".

FM O que foi que a secretária de Estado disse? Quais foram as causas das revoltas? E ela: "Criminalidade compartilhada".

SH Ela não sabia quão perto da verdade ela estava.

FM Ela é ridícula, mas tem algo profundo e meio verdadeiro nisso. Acho que é plausível dizer que a existência humana no mundo é, e deveria ser, pura criminalidade. O que sugere, em primeiro lugar, que a feitura das leis é uma atividade criminal.

SH Esse papo jurisgenerativo...

FM Aqueles jovens estavam basicamente dizendo: "Foda-se tudo isso". E você está certo quando sugere que o Occupy nunca chegou a esse ponto.

SH É, não chegou mesmo.

FM Algumas pessoas começaram a dizer: "Vamos ocupar tudo. Vamos ocupar todos os lugares" – e isso vai mais nessa linha. Mas "não vamos à sua casa para atrapalhar você". Se isso é o melhor que se pode fazer, tudo bem também. Apesar de que é melhor atrapalhar alguém até a morte do que morrer. Mas também podemos deixar isso de lado.

Outra coisa que eu queria perguntar: acredito que parte da reticência em torno das demandas diz respeito também a certo desconforto ao pensar sobre o Estado ou se relacionar com o Estado – e como travar essa relação. Vou fazer duas ou três perguntas aqui, então pode ficar meio bagunçado. Sem focar muito nas definições, quero entender a diferença, para vocês, entre o que vocês compreendem por sobcomuns em oposição, digamos, à infrapolítica, ou ao entendimento do pessoal do Tiqqun quando falam de zonas de opacidade. Como essas noções se comparam, particularmente em relação ao pensamento sobre o Estado? Uma das coisas que há anos tenho tentado entender em você, Stefano, é sua reação a alguém como James Scott – é como um teste de reflexo patelar. Se alguém diz "James Scott", a perna dele dispara!

FM A perna dele não reage há doze anos! Eu adoraria ver seu joelho reagir!

Minha pergunta tem a ver com essa perspectiva sobre o Estado e particularmente sobre aquilo que não pode ser absorvido pelo Estado. Segundo um livro como Seeing Like a State [Ver como um Estado, de James Scott], existem certas coisas que o Estado não consegue entender. O Estado não consegue entender a infrapolítica, ela é completamente incompreensível para ele. Suspeito que vocês diriam: "Não, isso é idiotice. É claro que o Estado já absorveu a infrapolítica. Ele faz isso o tempo todo". E é por isso que quero perguntar sobre a diferença entre os sobcomuns e a infrapolítica em relação ao Estado. Estou supondo que você é menos reticente ao papel do Estado.

SH Bom, não é que eu seja menos reticente ao Estado. É que eu tenho menos convicção de que existe algo chamado Estado – porque eu trabalhava nele. Sim, governo e Estado não são a mesma coisa, mas sempre entendi o Estado como efeito de certos tipos de trabalho. E quando eu me dedicava a esse tipo de trabalho, havia formas de sobcomuns nos departamentos em que trabalhei. Havia um sobtrabalho. Havia sempre diferentes formas de estudo em andamento no governo. E se o governo

7. UMA ENTREVISTA COM STEVPHEN SHUKAITIS

produz essencialmente efeitos de Estado sob diferentes formas, que parece ser o que pensam Tim Mitchell e algumas das pessoas mais perspicazes que estudam a teoria do Estado, para mim, não se trata de ser a favor ou contra o Estado. É estar, como diria Mario Tronti, dentro e contra o Estado, mas também com e a favor dos sobcomuns do Estado. Portanto eu não posso simplesmente me alinhar ao lado que diz que existe um Estado, existe uma economia, existe uma sociedade, ou mesmo que o Estado e o capital existem de forma translúcida. Eu tenho uma abordagem, digamos, fenomenológica – e hesito em usar essa palavra que, de certo modo, eu odeio – diante do Estado. Quando você se aproxima dele, você vê que tem muitas coisas acontecendo ali. E a maior parte é negativa. A maior parte dos efeitos não é boa. Mas, ao mesmo tempo, os melhores estudos, algumas das pessoas mais malucas que você encontra nos sobcomuns trabalharam e trabalham em agências governamentais, agências governamentais locais, no departamento de trânsito.

Lembro de certa vez... Lembro de meu amigo Pete e eu tentarmos conseguir uma capa para *State Work* [Trabalho de Estado], um livro que escrevi sobre esse tema. Entramos em uma enorme agência de correio no centro de Manhattan, que depois foi fechada. Era numa época que tinha muita gente trabalhando nessa agência, foi antes dos ataques de 11 de setembro de 2001 em Nova York. Recentemente, fui ao correio em Durham e me lembrei de como era em Nova York antes de toda a securitização. Só havia algumas pessoas, mas era daquele jeito: uma agência de correio de verdade. Todo mundo tinha a própria cabine, e nos correios no sul de Manhattan em quase toda cabine tinha uma mulher negra ou latina que decorava completamente o próprio espaço. E tinha muitos posters de Mumia Abu-Jamal, fotos de crianças, fotos de Michael Jackson, materiais sindicais, de tudo. Cada uma das cabines – então você tinha uma perspectiva diferente toda vez que ia lá. E eu pensei: "Bom, se essas são as pessoas que estão construindo um efeito chamado Estado, então deve ter um sobcomuns aqui também". Ou seja, não me ajuda dizer que posso fazer determinada coisa e com isso vou ser invisível para o Estado. Ou que não vou fazer um apelo porque senão o Estado vai me capturar. Isso não significa que o Estado não vá me prender ou que ele não prenda pessoas o tempo todo. Eu simplesmente não gosto de partir desse pressuposto.

Soa mais como uma projeção de caráter acidentalmente fetichista do Estado que vê as coisas como um todo coordenado e muito sensato, evidentemente.

SH Sim, e acho também que as pessoas trabalham em um Estado afetivo – e certas coisas não acontecem no setor privado porque as pessoas têm alguma noção de que estão produzindo um efeito. Hoje isso é mais comum em outros lugares também. Havia certa ideia de que, na indústria produtiva, há produção de coisas. Hoje todo mundo acha que está produzindo efeitos, qualquer que seja o trabalho. Então me parece que essa distinção meio que colapsou – e acho isso interessante. E não sou contra a produção de efeitos. Não acho ruim que as pessoas se juntem para imaginar que estão produzindo algo que é difícil de ver. Só é ruim porque elas ficam imaginando Estados-nações.

Acho que esse é o meu ponto de vista sobre o James Scott [*risos*]. Eu recebo muitas críticas por atacar James Scott. E eu raramente penso nele! Fui muito criticado pelos meus amigos dos estudos de desenvolvimento quando *State Work* foi publicado, porque aparentemente eu o chamei de "anticomunista", e isso deixou todo mundo furioso. Mas eu quis dizer que ele era contra o comunismo no sentido técnico.

No sentido técnico! [risos]

FM Agora sou eu que vou lhe fazer uma pergunta, Stefano, porque quero que você fale mais sobre isso. Acho que é importante. O que Scott acha que está querendo dizer com "Estado"? Porque você, Stefano, está dizendo que existe essa coisa monolítica que parece ser o referente da palavra "Estado". E você está dizendo que o Estado não é nada monolítico, e não só não é um monólito como é profundamente poroso. Existe todo tipo de buracos, túneis, bueiros, estradas e caminhos que *atravessam o Estado* e são produzidos e mantidos constantemente por pessoas que também estão realizando esse trabalho que acaba sendo a produção *do Estado*. Então, o que esse pessoal está produzindo? Scott parece se referir a um monólito que se mantém intacto pelo seu próprio processo de construção – e apesar dele. Ele é um dos que nos fazem voltar à pergunta: o que não gostamos no monólito? Do seu poder coercitivo, do seu poder de policiar, do seu poder de criar diretivas ou de abrigar a governança e a governamentabilidade. Sobre o que ele está falando, então? Eu lhe dou crédito. E acredito que, apesar do seu anticomunismo, ele é sincero em sua antipatia pelo monólito. Na medida em que o monólito existe, eu também o odeio.

Mas também existem pessoas na esquerda que não têm nenhuma antipatia pelo Estado. E acho que, para elas, não se trata de um modo de existência monolítica que nos captura e contém no âmbito das nossas relações afetivas mútuas e das práticas cotidianas – porque acho que, em parte, é isso que Scott está dizendo. O que elas estão dizendo é: "Não, estou interessado nessa coisa que tem certo poder coercitivo e, em vez de esse poder ser concedido a outro, quero que seja concedido a mim, porque vou usá-lo de forma benéfica. E a principal razão disso é que acredito no bom uso que eu faria desse poder, mas também porque acredito que as coisas que eu gostaria de fazer só podem ser feitas, em escala, por meio do Estado ou dos aparatos do Estado". Então o lance dessas pessoas é: "a) Eu vou fazer melhor e b) estou pensando nas coisas em uma escala ampla e você está sendo um idiota de se importar apenas com essas quatro pessoas com quem você está falando agora". Percebem?

SH Sim, e essa questão da escala também me interessa, porque ela sempre vai parar nesse lado da argumentação e com essas pessoas. Mas uma das coisas que me interessa na história do comunismo é, digamos, sob quais circunstâncias eu permitiria ser eu mesmo tomado e possuído por outros, estar na mão de outros, abrir mão de uma espécie de autodeterminação soberana, ou renunciar à decisão e à supervisão de cada decisão minha, vigiar, ser como os inspetores de Lênin, passar só para me certificar de que o Estado está fazendo o que quer? Em que tipo de comunismo eu poderia simplesmente permitir que certas pessoas fizessem certas coisas por mim, em escala ampliada, e, ao mesmo tempo, essas pessoas, em outros momentos, também permitiriam que eu fizesse isso por elas? Então, quando somos a favor da despossessão da própria noção daquilo que nos é próprio e permitimos sermos possuídos de outras maneiras, de que maneira estamos praticando o consentimento de não sermos apenas um, em um momento que também possibilite as pessoas a agirem sobre nós e por meio de nós e que não requer a constante reconstituição de nós mesmos (a qual parece estar implícita)? E isso constitui, eu acho, o anticomunismo de Scott. A pequenez de Scott tem a ver com a autonomia autodeterminada. Quando você é pequeno e resiste, você está sempre no controle.

Agora, isso não significa ser pró-Estado, porque o Estado, evidentemente – apesar de eu ter dito que o Estado não é aquilo

7. UMA ENTREVISTA COM STEVPHEN SHUKAITIS

que o Scott pensa, mas uma série de diferentes tipos de coisas –, possui efeitos que no fim são basicamente ruins. Mas o que me interessa é como aquilo que estamos fazendo já é e pode ser complexo, algo que não requer outro passo nem que pratiquemos algo diferente. Os autonomistas escutam isso o tempo todo na Europa, os críticos dizem: "Tudo bem, vocês podem sair por aí fazendo essas coisas, mas nós temos um sistema hidrelétrico para gerenciar". E geralmente eles caem nesse jogo. E às vezes escutamos os autonomistas dizendo: "O que significaria construir instituições autonomistas?". Talvez eu não tenha entendido muito bem, mas acho que não precisamos construir uma instituição autonomista. Você precisa elaborar o princípio da autonomia de maneira que você se torne menos você; ou transborde mais do que você está fazendo agora. Você deve continuar fazendo mais o que você está fazendo agora, e isso vai criar escala. É isso que me interessa. Estou interessado na maneira como o aprofundamento da autonomia é um aprofundamento não só entre algumas pessoas, não só naquela intensidade, que eu valorizo, mas também um aprofundamento da escala e das possibilidades da escala.

FM Sim, eu concordo. Menciono a escala não para criticá-la, mas para dizer que não podemos cedê-la às pessoas que assumem que ela é inseparável do Estado, ou daquilo que elas entendem por Estado: um conjunto de dispositivos e instituições que possuem poder coercitivo.

Eu concordo com isso. Outra coisa que eu gostaria de perguntar é sobre como nos últimos anos houve uma retomada ou proliferação de projetos educacionais alternativos, coisas como Edu-Factory, escolas livres, universidades livres. Todo mundo teve de lidar com a pergunta: se você deixou a instituição, por que você ainda precisa pensar no que você está fazendo em termos institucionais? O limite da concepção da coletividade é outra instituição.

SH É, eu também fico me debatendo com isso, porque estou contribuindo com uma proposta de School for Study que queremos fazer na França. Nas primeiras três versões, incluí um monte de coisas que na verdade não precisavam estar ali – era uma forma de repetir a universidade de uma maneira que não interessava repetir. Foi só na versão mais recente, quando Denise Ferreira da Silva examinou o projeto e me perguntou: "Por que todas essas coisas estão aqui? Se vocês estão interessados no estudo, por que não se constituir como um fórum para o estudo?". E foi aí que o nome mudou e foi aí que começamos a nos sintonizar com os seus objetivos. E realmente acontece de você achar que está saindo da universidade, mas na realidade não está. Você está carregando tudo dela com você.

Além disso, Matteo Mandarini nos deu uma frase muito interessante. Tronti diz: "Eu trabalho dentro e contra a instituição". Então, o projeto da Queen Mary era um projeto dentro e contra a instituição. Mas que também foi elaborado no âmbito do Precarious Ring e em outros lugares como algo que seria conhecido por copesquisa, algo como "dentro e a favor". Assim, o "dentro e contra" é atravessado por uma forma de "dentro e a favor". Quando avançamos mais em um contexto autonomista, onde é um pouco mais fácil conseguir espaço livre e tempo livre, é preciso prestar atenção a essa mudança, acho, do "dentro e contra" – aquilo a que dedicamos muito tempo quando estamos profundamente inseridos na instituição – para o "com e a favor". E isso muda um monte de coisa. Todas essas coisas estão sempre interagindo. Quando digo "com e a favor" quero dizer que estou estudando com outras pessoas a serviço de um projeto, que nesse caso eu acho que poderíamos dizer se tratar simplesmente de mais estudo. Então a razão pela qual nos dirigimos para situações mais autônomas é que esse "com e a favor" cresce e dedicamos menos tempo ao antagonismo do "dentro e contra".

Algumas pessoas amam a produtividade do antagonismo. Pessoalmente, não digo que não seja produtivo, mas quanto mais avanço no "com e a favor", mais fico feliz. Mas é um desafio lembrar e fazer – e aprender a fazer – quando você passa muito tempo no "dentro e contra", como nós passamos. Digo isso apenas para enfatizar que, se vejo a migração do projeto coletivo Queen Mary do "dentro e contra" para o "com e a favor", que surgiu quando nos tornamos essa School of Study, sobre a qual falamos há pouco, temos de estudar a maneira de fazer isso. Não sabemos necessariamente como fazer e ainda estamos tentando pensar como fazer, porque a gente esteve dentro por muito tempo. Isso não significa que você sai do "dentro e contra" – não importa quanto tempo tenha permanecido ali. Obviamente, em circunstâncias diferentes, há uma mudança naquilo que é possível e naquilo que pode chamar a sua atenção.

Talvez por isso a análise que vocês fizeram do trabalho acadêmico a partir de uma posição específica seja necessária para a saída, de forma que você não leve toda a bagagem na hora de sair.
SH Bom, pessoalmente – e comecei o dia falando sobre isso e horas depois ainda acho que seja verdade –, precisei passar por toda essa coisa do trabalho acadêmico, especialmente com Fred, para me libertar de mil maneiras diferentes, inclusive me aproximar mais dessa questão autonomista. Sinto que só agora o efeito é completo, que posso pensar livremente, sem toda essa merda que estava em mim por causa do processo de trabalho em que eu estava – e permaneço – imerso. A primeira coisa que eu

fazia todo dia quando ia para a universidade era a mim mesmo e hoje a universidade não é necessariamente o melhor lugar para você fazer a si mesmo.

FM Eu concordo com isso também. Estávamos falando sobre uma forma de compreender quem éramos e o que estava acontecendo no lugar onde estávamos. Digamos, então, que de certa maneira os escritos sobre o trabalho acadêmico representavam tentativas de localização e de localizar, mapear o tipo de terreno dentro do qual estamos. Acho que as coisas que escrevemos mais tarde estão muito mais focadas em tentar um certo tipo de deslocamento e uma certa forma de dispersão – portanto, reivindicam certa mobilidade. Concordo com Stefano. Bom, não sei se precisávamos fazer isso, mas foi por onde começamos. Poderíamos ter começado de outra maneira.

SH Sim, de certo modo os sobcomuns são um ponto de ruptura entre nos localizar e nos deslocar. O que, para nós, é duradouro no conceito de *sobcomuns* é aquilo que ele continua a fazer quando o encontramos em novas circunstâncias. E as pessoas sempre perguntam: "Mas em que porra de lugar fica isso?". Mesmo que você recorra à esperteza marxista e diga: "Não se trata de um lugar, mas de uma relação", as pessoas ainda vão perguntar: "Sim, mas onde está essa relação?". Há o efeito contínuo de um deslocamento, que sempre faz as pessoas se sentirem meio desconfortáveis com os comuns. Para mim, foi o primeiro trem de carga que pegamos.

FM Sim, é um deslocamento. Como diria nosso velho amigo Bubba Lopez, viramos surfistas de trem.

DÉBITO, CRÉDITO, AUTONOMIA

Outro assunto sobre o qual eu queria perguntar é a relação de vocês com o autonomismo. Como vocês leem o pós-operaísmo, particularmente seus pontos de interseção com a tradição radical negra? Ou, mais especificamente, o modo como esses pontos de contato e de conexão são desprezados e ignorados?

SH Não estou muito interessado na relação na qual a dívida teria de ser creditada, porque vejo cada vez mais a predominância dessas duas formas de dívida sobre a vida, e ambas são ameaçadoras, moralistas. Como disse Marx, a dívida é um julgamento moral sobre o homem. Mas existe um outro tipo de dívida. Devo tudo à minha mãe, devo tudo ao meu mentor. Esse tipo de coisa também se torna rapidamente opressivo e muito moralista. Deve haver uma maneira pela qual seja possível elaborar a dívida impagável que não retorne sempre à individualização pela família ou pelo trabalhador assalariado, mas pela qual a dívida se torne o princípio da elaboração. E não é não dever nada às pessoas em uma espécie de economia, ou não dever à sua mãe, mas a palavra "dever" desapareceria e se tornaria uma outra palavra, uma palavra mais generativa.

Sei que quase nenhum autonomista italiano prestou muita atenção à tradição radical negra e sei que isso persiste, em algum grau, até hoje. O que me interessa mais, neste momento, é a oportunidade de inserir essa variante vital de experimentação europeia em uma história mais global. Agora, por exemplo, estão surgindo temas autonomistas na Índia. Se chegarem à Índia como se tivessem vindo da Europa, como se fossem uma coisa importada e não uma versão de alguma coisa, então a primeira coisa que vamos perder é toda a história – que eu, por exemplo, não conheço bem – de um pensamento e de um movimento autonomista na Índia, *da* Índia. Então, não se trata de dar crédito a algo, é ver esta ou aquela instância de algo muito mais amplo. Estou menos interessado em corrigir linhas genealógicas e mais em entender o autonomismo europeu como instância de alguma coisa, e outros podem inseri-lo no contexto global que quiserem porque, para mim, se trata de uma instância da tradição radical negra, uma herança geral dos embarcados, a tradição impossível daqueles sem tradição, uma *poesis* social experimental.

Eu não estava dizendo: "Nossa, ninguém viu isso, como foi que não viram isso", mas me intrigam as formas particulares de não ver. O autonomismo parece entender a negridade de uma forma bastante leninista. Ou seja, só Detroit é importante e nenhum outro lugar.

SH Sim. Bom, nesse sentido também existe essa tendência infeliz de refletir a si mesmo. A Autonomia tem esse problema de vanguardismo do qual está sempre tentando se livrar. Ela se coloca contra o vanguardismo, mas está sempre se perguntando: "Quem está realmente fazendo coisas e quem não está?". Ela ainda está presa à ideia de que, para ser autônomo, você precisa fazer política, e aí existe o risco persistente de definir quem faz política e quem não faz. Mesmo nos textos de Ferruccio Gambino – na minha opinião, por melhor que sejam, ele está sempre tentando situar onde Du Bois ou Malcolm X se cruzam com a política real. E, no entanto, como aponta Matteo Pasquinelli, o impulso do "se há diferença, então há resistência" está no centro da "teoria italiana" e, no melhor dos casos, essa atenção ao que chamaríamos de antagonismo geral é o que essa tradição compartilha com a tradição impossível e realmente existente do pensamento negro radical.

7. UMA ENTREVISTA COM STEVPHEN SHUKAITIS

FM Eu concordo com Stefano. Não tenho muito a dizer sobre isso. Existe uma linhagem muito importante – vamos chamá-la de linhagem virtuosa – de estudos afro-americanos e afrodiaspóricos que poderíamos classificar sob a rubrica de cobrança de dívidas. E é basicamente: "Fizemos isso, fizemos aquilo e vocês continuam não reconhecendo. Vocês continuam nomeando tudo isso de forma equivocada. Vocês continuam compreendendo tudo isso de forma equivocada e violenta. Por isso vou corrigir os registros e cobrar essa dívida". E há um componente político também. Talvez isso explique parcialmente a lógica da reparação. No discurso "I Have a Dream", Martin Luther King afirma: "Viemos hoje aqui depositar um cheque. Uma promessa foi feita. Viemos cobrar a dívida". Foi isso que Martin Luther King disse. Então eu não recuso essa retórica nem mesmo esse projeto. E, em muito sentidos, sou beneficiário desse projeto, de maneiras totalmente inegáveis e que não quero negar.

Também acho que esse projeto não é o projeto do radicalismo negro – não é cobrança de dívidas e reparação. É uma reviravolta completa – como diria, outra vez, Fanon, e como outros já disseram. Se essa é a sua preocupação, se esse é o seu projeto, os mecanismos de cobrança de dívida se tornam menos urgentes. Ou se transformam em objeto de preocupação, mas de outro modo. Por exemplo: "Vou registrar a dívida e vou registrar a maneira brutal, venal e perversa de não reconhecê-la". Quando falamos sobre a dívida e a impagabilidade da dívida, isso não significa não reconhecê-la. Mas certos idiotas simplesmente se recusam até a reconhecê-la. E passo muito tempo pensando que o que as pessoas querem quando exigem reparação é, na realidade, um reconhecimento: elas querem o reconhecimento da dívida, porque é uma forma de certificação, e isso se torna muito problemático porque a forma de certificação que elas querem está dentro de um sistema que já existe. De certo modo, elas querem ser reconhecidas como soberanas pela soberania. É basicamente como se eu lesse um calhamaço sobre a história do marxismo ocidental e ficasse furioso com o fato de que o autor escreveu essa história sem falar de C. L. R. James. Eu alterno entre raiva, confusão e pena desse idiota ignorante. Sei lá! Começo a ter pena da ignorância dele, mas depois entendo as conexões estruturais profundas entre ignorância e arrogância. Mas não dá para sentir pena de um otário ignorante quando ele é também um otário arrogante, então sinto raiva de novo. A raiva permanece, na verdade. Mas não se trata de uma ofensa pessoal. É preciso encarar a questão de outra forma.

Então, basicamente, concordo com Stefano nesse assunto, sinto que quero fazer parte de outro projeto. O que não significa que eu não esteja aceitando o fato, não é como se eu simplesmente estivesse fazendo vista grossa. Não quero aceitar em silêncio, sem protesto, todas as diferentes formas de desigualdade e exploração que emergem em razão do roubo e da incapacidade de reconhecer a dívida. Não é só que estou furioso porque Willie Dixon nunca recebeu o que deveria ter recebido por todas as músicas que Robert Plant e Jimmy Page roubaram dele; o ponto é que também quero que ele ou o neto dele que está preso receba a porcaria do dinheiro. Não estou aqui para dizer: "Estou acima dessa questão do dinheiro". Não acredito que exista reparação para o que aconteceu, mas se os Estados Unidos finalmente decidissem me mandar um cheque, eu colocaria o dinheiro no banco ou compraria alguma coisa idiota, tipo um Rolls Royce ou um Bentley, qualquer coisa que deixasse George Stephanopoulos possesso. Eu aceitaria o cheque e ficaria furioso com o fato de não chegar nem perto do que deveria ser. Mas também sei que aquilo que deve ser reparado é irreparável. Não há reparação. A única coisa que podemos fazer é destruir completamente essa merda e começar do zero.

Portanto, a tradição autonomista me interessa na medida em que ela tem algo de interessante a me dizer sobre a possibilidade e a viabilidade de destruir essa merda e começar algo novo. Minha preocupação principal não é que os autonomistas se recusem a reconhecer isso, embora essa recusa em reconhecer outros pensamentos similares ou fenômenos sociais similares tenha um impacto negativo sobre a utilidade daquilo que eles fazem. É preciso ver isso como algo que tem efeitos materiais. Mas, nos termos do desejo de reconhecimento, podemos pensar em Grace Lee, James Boggs ou outros, ou nos movimentos similares ao redor de Detroit, que alguns autonomistas nunca estudaram de verdade... Na verdade, acho que as pessoas gostariam de fazer um tipo de trabalho em que podem ler o livro de George Lewis sobre a (Associação para a Promoção de Músicos Criativos – AACM) e dizer: "Bom, isso precisa ser compreendido dentro de um quadro geral que o associe ao movimento autonomista" – e seria, talvez, uma conexão intelectual importante. Alguém poderia fazê-la e seria legal. Mas, em última instância, acho que reconhecer uma dívida intelectualmente está condicionado à noção de que a tradição radical negra se enobrece quando dizemos que os autonomistas pegaram algo dela. É como se isso a tornasse mais valiosa, quando na verdade ela não precisa que a enobreçam por ter vínculos com o pensamento autonomista. Prefiro apostar na possibilidade de um movimento geral que se potencializa quando reconhecemos essas duas irrupções mais ou menos independentes de formas radicais de ação e pensamento sociais.

Obrigado. De certa maneira você já começou a responder à última pergunta que eu queria fazer. A certa altura do texto vocês escrevem: "A justiça só é possível onde a dívida nunca obriga, nunca demanda, nunca se iguala ao crédito", escrevem que dívidas que não são pagas não podem ser pagas. Eu estava pensando nisso, particularmente em relação aos recentes chamados à abolição de dívidas ou a uma política que diga: "Não, vamos ter de nos livrar de todas essas dívidas". Mas, a meu ver, parece que vocês entendem a dívida como algo que não pode ser perdoado, que não pode ser superado, e que vocês não gostariam de superar. Minha pergunta é: qual a relação entre a abolição da dívida e a dívida da qual não deveríamos querer nos livrar?

SH No meu caso, quando uso o termo "abolição", é exatamente no sentido oposto. Para mim, abolição é reconhecer, como diz Fred, que não há possibilidade de reparar ou pagar essa dívida, portanto não existe uma abolição da dívida. Quer dizer, pode haver o perdão da dívida, mas eu nunca usaria o termo "abolição" nesse sentido. E, em segundo lugar, existe toda uma história da dívida que não é essa história da dívida, a qual não precisa ser perdoada, mas precisa ser ativada como um princípio da vida social. Ela pode ser ativada, como já é em muitas instâncias, precisamente para não permitir a resolução por meio do credor e do devedor, para nos permitir dizer: "Não sei onde eu começo e onde eu termino". É esse o meu ponto também com relação à dívida entre pais e filhos. Se for mesmo uma dívida, então a dívida é mais do que você, não é só para você, ela passa através de você, é uma forma generativa de afeto entre dois seres que é valiosa precisamente porque continua de uma forma específica. Há toda uma história ali, e a abolição, nesse caso, significa a abolição do crédito, da métrica ou da atribuição.

FM Acho que a distinção de Stefano entre crédito e dívida é crucial. Me parece que as pessoas querem dizer "abolição do crédito" quando falam em abolição de dívida. Na verdade, acho que não é nem isso que elas querem dizer. O que provavelmente querem dizer, em sentido técnico, é "perdão", ou seja: "Vamos perdoar esse empréstimo, mas se você se endividar de novo, nós vamos querer receber". Mas Stefano está falando – eu acho, e concordo com ele – da abolição do crédito, do sistema de crédito, quer dizer, da abolição da contabilidade. Ela diz que, quando começamos a falar dos nossos recursos comuns, quando falamos do que Marx queria dizer com riqueza – divisão, acumulação, privatização e contabilização –, tudo isso deveria ser abolido. Não é contável. Nem funciona assim. Na verdade, é tão radical que provavelmente desassentaria a própria forma social ou a ideia do "um ao outro". Mas é nessa direção que Édouard Glissant nos conduz quando fala do que significa "consentir em não ser um único ser". E, se você pensar bem, é um tipo de relação filial e essencialmente maternal. Quando digo "maternal", estou sugerindo que existe a possibilidade da socialização geral daquilo que é maternal.

Mas o que está em jogo, cara... Ontem fomos olhar um lugar, porque estou com esse plano de comuna. Ele tem uns quatro hectares e fica bem no meio da floresta. E lá tem um galpão. A casa está caindo aos pedaços. Não acho que vai dar certo. Mas tinha uma senhorinha e ela e o marido construíram tudo do jeito que queriam. Ela não quer vender, mas ela tem 91 anos e o lugar é muito grande e velho e é difícil mantê-lo. E a vizinhança nos contou que ela devia 100 mil dólares ao filho dela. E Laura e eu, no caminho de volta, ficamos nos perguntando: "Como é que você vai dever 100 mil dólares para um filho? Como é que você deve para um pai ou para uma mãe 100 mil dólares?". É um negócio maluco, atroz. Você precisa ser um monstro para conseguir pensar nisso. E sabe o que mais? Não é mais atroz que dever 100 mil dólares ao banco Wells Fargo. De cara a gente acha que é atroz porque parece violar a ideia de relação filial, maternal. Mas, na verdade, é atroz porque é uma maneira atroz de compreender a nossa sobcomunidade. E mesmo se fosse uma relação entre mim e Jamie Dimon, ainda assim seria atroz. E esse é o problema. Então, a abolição do crédito, a abolição de toda uma forma de olhar para o mundo, que podemos classificar na rubrica do contábil, da contabilidade ou da contabilização, ou do cálculo nesse sentido – abolição no sentido em que David Graeber a concebe, mas sem nenhum sentido de retornar a um estado de graça originário, e sim de carregar tudo aquilo que a história nos impôs. Por isso essa discussão sobre a fonte de onde os autonomistas pegaram suas referências... Sabe, eu amo o C. L. R. James, mas as coisas que são atribuídas a ele, hoje, nunca foram propriedade privada dele. O jazz não é propriedade privada das pessoas negras. E isso não significa que os músicos não devem receber pelo que fazem, no contexto dessa merda toda. O que estou querendo dizer é que qualquer corpo que respira deve ter direito a tudo de que ele precisa e 93% do que ele deseja – não porque trabalhou hoje, mas porque ele está aqui.

O que é que os adultos têm para serem tão repulsivos? Você vê uma criança, na rua ou em casa, e sabe que precisa alimentá-la, não é? E aí a mesma criança faz dezoito anos e de repente você diz: "Não vou mais lhe dar comida". O que o adulto médio tem de tão vulgar, nojento, cruel e repulsivo para supormos que ele não precisa comer? Quer dizer, você precisa ser doente para pensar assim. Quem é a pior pessoa do mundo? Até ela precisa comer.

SH Dito isso, quando você começa a falar sobre esse outro tipo de dívida, sobre uma história da estética, uma história do amor, uma história da organização, não se trata apenas daquilo que se quer abolir – o crédito –, mas é também sobre o mundo onde você quer morar e como quer morar nele. E isso porque a dívida real, a grande dívida, a riqueza de que Marx está falando é precisamente isto: riqueza. E você quer encontrar uma forma de aproveitar essa riqueza. Mas não se consegue isso por meio de gestão, porque a gestão é o primeiro passo para contabilizá-la, atribuí-la ou distribuí-la. Trata-se de desenvolver uma forma de estar com outras pessoas e não de pensar que isso exige a mediação da política. Mas isso requer elaboração, requer improvisação, requer ensaio. Requer coisas. Não requer contabilidade e gestão. Requer estudo.

FM Cara, eu lembro de quando eu era bem criança no Arkansas, com meus avós. Meu avô dava 130 quilômetros de carona da nossa cidadezinha até outra cidadezinha num Buick Skylark 1969. E havia todo um processo ritual que se dividia em partes. Alguém – o meu avô, no caso – dava carona para uma pessoa e, antes de sair do carro, ela dizia: "Quanto lhe devo?". E ele respondia: "Não é nada". Às vezes ele fingia surpresa: "Por que você está me perguntando um negócio desses?". Mas se alguém saía do carro sem perguntar... ele dizia: "Meu filho, não seja assim". O reconhecimento é fundamental.

SH E é importante ensaiar, porque a forma como estamos envolvidos no ensaio é diferente daquela de estarmos juntos em dívida. Quando dizemos que não queremos gestão, não significa que não queremos nada, que as coisas podem ficar como estão e tudo bem. Alguma coisa tem de ser feita, mas é da ordem da performance, não da gestão.

FM E a outra parte, igualmente importante, era que vez ou outra, quando alguém pegava uma carona, em vez de perguntar: "Quanto lhe devo?", a pessoa simplesmente pegava um dinheiro do bolso e dizia: "Para pôr um pouco de gasolina", e saía do carro. Perceba o jogo entre essas duas coisas. Então, a razão pela qual se perguntava: "Quanto lhe devo?" era para estar envolvido nesse processo ritual de basicamente negar a própria ideia de "dever".

SH É exatamente isso. Assim você começava a praticar, a improvisar a relação entre necessidade e liberdade, não com base naquilo que se deve e no crédito, mas com base na dívida impagável.

FM Exato. Na maior parte das vezes, se você tinha algum dinheiro, isso nem se discutia. Você simplesmente dizia: "Aqui, para a gasolina" e saía, deixando o dinheiro no banco.

SH Há um momento de necessidade nisso, mas é no contexto de uma liberdade, e não o contrário. E essa é a única maneira possível, se pensarmos na habilidade e na necessidade livres de ponto de vista – portanto não se trata mais de uma política distributiva, mas de um experimento em que existe a possibilidade de se descobrirem novas necessidades nas habilidades e novas habilidades nas necessidades no ritmo do – e não contra o – antagonismo geral, representado entre dois e em meio a muitos.

FM Sim, e é por isso que, quando eu olhava para aquilo, me parecia ilógico, se quisermos qualificar assim, mas também era performativo. Para mim, não estou dizendo que é a única forma em que se dá o estudo, mas qualquer noção de estudo que não reconheça essa forma não é o estudo que me interessa.

SH Onde há a abolição do crédito, há o estudo. Mas você não pode reivindicar a abolição do crédito da mesma forma que reivindica a abolição do débito, porque o chamado para abolir o crédito está sempre acontecendo, é um chamado que aciona, que é acionado. Em outras palavras, não precisamos de nada para contrairmos uma dívida juntos. Já temos uma superabundância de dívidas mútuas que não pagamos, que não queremos pagar, então por que reivindicaríamos qualquer coisa? Mas podemos nos juntar nessa plenitude e em sua performance diária. Além disso, ao nos juntarmos, talvez estejamos evitando certos resultados indesejáveis do crédito e dos pedidos de perdão de dívidas, como a elevação e o assentamento.

7. UMA ENTREVISTA COM STEVPHEN SHUKAITIS

FM Sim, quer dizer, eu amo Fanon, mas ele não pensou a negridade em um apartamento com outras pessoas que haviam acabado de chegar ao próprio desamparo ou, mais profundamente, a um conhecimento do desamparo. Algumas pessoas dizem que se compreende melhor a negridade não como um conjunto específico de práticas das quais tomam parte pessoas compreendidas como negras, porque temos de contabilizar as pessoas compreendidas como negras que não tomam ou nunca tomaram parte dessas práticas. Ao contrário, elas argumentam que a negridade é um projeto levado a cabo por pessoas que chamamos de intelectuais na medida em que elas refutam, por meio de protocolos hegelianos, uma relegação essencialmente hegeliana a uma zona em que não se pode fazer nada, exceto participar de um conjunto específico de práticas autênticas que, em última instância, não se tornaram nada além de uma marca de privação. Minha resposta é não: o lance da negridade é que ela é ampla e aberta o suficiente para englobar, mas sem encerrar, todas essas coisas – e é problemático sugerir que a vida intelectual existe de algum modo em alguma escala do outro lado daquilo que se diz autêntico. Porque considero que as performances de um certo modo de socialidade já implicam uma produção continuada da teoria da socialidade. Quer dizer, eu me amarro nisso, assim como me amarro no safado do Sócrates que, quando via uns meninos bonitos, queria ficar perto deles e eles diziam: "Cara, vem para a palestra, porque precisamos falar sobre amizade", e ele dizia: "É claro que vou". Isso é bom também, aquela lise que parece não terminar nunca – total, completa, mas em uma completude inexplicada ou indecidível. Aquilo sobre o que eles conversavam, isso é bom também... Existem inúmeros lugares a partir dos quais seria possível abordar uma crítica do mundo gerido, ou algum conhecimento sobre o eu gerido, e um deles é o Buick Skylark do meu pai.

OU
(OS QUE "COMBINAMOS DE NÃO MORRER")

DENISE FERREIRA DA SILVA

Depois de uma década, finalmente a primeira apresentação em forma de livro da colaboração entre Stefano Harney e Fred Moten aparece em língua portuguesa e pode ser lida por qualquer pessoa interessada em pensar com a negridade no contexto brasileiro.[1]

O que acontece com os termos e significados introduzidos neste livro, o qual não somente adiciona conceitos ao vocabulário crítico (cumplicidade) mas também exemplifica uma nova concepção da tarefa (estudo negro) de confrontar as instituições e práticas que sustentam o capital global? Por onde começar? De onde me encontro, neste momento, seria impossível não começar por onde os dois começaram, que é também onde nos encontramos (nos dois sentidos dessa frase), ou seja, pela universidade e sua crítica. E eu sei que, da forma como é aqui apresentada, a crítica à universidade pode parecer a princípio inadequada à situação brasileira. Afinal de contas, pessoas economicamente

---

1 "Combinamos de não morrer" é uma referência ao fragmento de uma frase que é título de um capítulo do livro de Conceição Evaristo, *Olhos d'água* [2014]. Rio de Janeiro: Pallas, 2018.

despossuídas, negras, indígenas e as chamadas mestiças encontram obstáculos tão tremendos que muito poucas pensam ser possível acessar a universidade. Esses impedimentos não são somente financeiros, eles estão na estrutura da própria universidade no Brasil, a qual, mesmo depois de mais de vinte anos de ações afirmativas, ainda não aceita em seu meio pessoas que não nasceram destinadas a passar pelos seus portões.

Agora, esses impedimentos, que insistem, persistem, não são o objetivo único ou final da análise aqui apresentada. Ao contrário: ao mapeá-los, Fred e Stefano nos mostram como também podemos registrar aquilo que lhes escapa, aquilo que os dribla e que nos serve de guia – de mapa e proteção – ao desenharmos estratégias de autodefesa em resposta às violações correntes que facilitam as reformas necessárias ao tipo de condições necessárias para o ótimo funcionamento dos mecanismos de extração e expropriação do capital global.

A pergunta que segue tem que ser: como recusar o que nos foi recusado quando o convite ou a oferta não foi nem nunca será feita? Uma resposta que encontramos em *Sobcomuns* é que o que se recusa não é o acesso ou a entrada na universidade, mas que sejamos submetidos a suas regras e mecanismos de profissionalização. *Ou*, a recusa como um gesto de autodefesa. Tal recusa – preste atenção! – não seria a encenação de uma capacidade esperada ou atribuída a um eu transparente, um ato de autodeterminação. Ao contrário! Tal recusa seria mais uma manifestação daquilo que Fred e Stefano notam como uma "tendência inerente à tradição radical negra", a negação, como expressa na estética negra, na improvisação, e sua capacidade de re/produzir resquícios que escapam aos instrumentos de significação e captura existentes. Entre essas, eu diria, se encontram traços de ensaios de autodefesa como fugitividade – ou seja, a

POSFÁCIO: DENISE FERREIRA DA SILVA

recusa a trabalhar e a recusa a pagar. A recusa a pagar – monetizar – aquilo que não pode ser traduzido, reduzido, transformado, em algo calculável. Esta seria, eu creio, a tradução da "dívida sem pagamento", da "dívida compartilhada", a má dívida, *ou* a expressão mesma da hapticalidade – como a definem neste livro, "a capacidade de sentir através dos outros, e dos outros de sentir através de você".

"UMA SABEDORIA"

No Brasil, a tradição de recusa está evidenciada na maneira como os povos originários e pretos não sucumbiram ao projeto nacional de obliteração de corpos e mentes não europeias. Um projeto que tem sido articulado desde as vésperas da abolição da escravidão, ainda no discurso do paraíso tropical, na ironia genial do modernismo de Mário de Andrade, na nostalgia patriarcal de Gilberto Freyre e até mesmo nas incursões delirantes da antropofagia geral do Brasil, que não pode deixar de ser percebida na virada perspectivista, a qual mais uma vez marca a presença da criatividade intelectual brasileira nas salas de conferência globais. Um projeto que, nunca nos deixam esquecer, retorna todas as vezes que o capitalismo global necessita modificar a maneira como o Brasil (como outras antigas colônias) participa da criação de capital. Um exemplo disso se deu nos últimos quase dez anos – desde o fim da segunda administração de Dilma Rousseff (2014–16) – ao longo dos quais as garras do agronegócio no programa de governo foram consolidadas. Segundo o Conselho Indigenista Missionário, essa volta também está registrada no aumento de episódios de violência colonial:

Entre 2011 e 2015 foram registrados pelo Centro de Documentação da CPT – Dom Tomás Balduíno, 6.737 conflitos no campo, envolvendo mais de 3,5 milhões de pessoas. Já de 2016 a 2021, esses números subiram para 10.384 conflitos, atingindo 5,5 milhões de pessoas, em especial, crianças, jovens e mulheres. [...] Os assassinatos no campo saltaram de 20 em 2020, para 35 em 2021, representando um aumento de 75%. Dentre estes, destacam-se o assassinato de lideranças que atuam na defesa do território, dos direitos humanos e da natureza. Com relação ao trabalho escravo, houve aumento de 113% no número de pessoas resgatadas. [...] As populações que mais sofreram violência no campo foram povos indígenas, quilombolas, ribeirinhos, posseiros e trabalhadores e trabalhadoras rurais sem-terra, segundo os dados da CPT.[2]

Desde então, os movimentos dos povos originários e quilombolas (*ou* dos povos do campo, das águas, das florestas) têm nos lembrado que essa nova incursão, esse novo movimento de expropriação e extração, não iria se dar sem uma resposta delas – dessas populações cujos territórios estavam mais uma vez na mira do capital global. Que isso pudesse acontecer era algo que muitos de nós já sabíamos, porque aprendemos a ver certas práticas e atos diários, aparentemente sem muito significado, para além da circunstância específica, como parte de um repertório de autodefesa herdado, acumulado e mantido por descendentes de populações colonizadas. Essas práticas anticoloniais, eu creio, atualizam aquilo a que Abdias do Nas-

---

2 Ver "Em defesa dos povos do campo, das águas e das florestas, organizações sociais realizam o lançamento de Campanha Contra a Violência". Conselho Indigenista Missionário (Cimi), 29 jul. 2022. Disponível on-line.

POSFÁCIO: DENISE FERREIRA DA SILVA

cimento dá o nome de quilombismo, e que Beatriz Nascimento definiu como quilombo:

O quilombo [...] é produzir ou reproduzir um momento de paz. Quilombo é um guerreiro quando precisa ser um guerreiro. E também é o recuo se a luta não é necessária. É uma sapiência, uma sabedoria. A continuidade de vida, o ato de criar um momento feliz mesmo quando o inimigo é poderoso, e mesmo quando ele quer matar você. [...] Uma possibilidade nos dias da destruição.[3]

Tais práticas anticoloniais de autodefesa dos sobcomuns incluem todas as que já foram descritas, identificadas e registradas, como também todas aquelas formas de recusa que ainda nem foram imaginadas, as que serão inventadas conforme novas situações de violência total se apresentem.

Os termos (e também seus significados inesperados) que Stefano e Fred nos ofertam neste livro – dívida, planejamento, diretiva, logística, e mesmo o porão – não fazem nada mais que performar a negridade como guia para a formulação e apresentação de uma teoria crítica ao capitalismo global. Entre esses termos, escolhi "logística" como ponto de referência para um comentário sobre a pertinência do pensamento de Stefano e Fred para análise do contexto brasileiro. Embora neste momento minha maior preocupação seja o retorno recente da economia brasileira à produção agropecuária, escolhi "logística" justamente por ser central para a própria constituição da sociedade brasileira.

---

3   Beatriz Nascimento, "Quilombo: em Palmares, na favela, no carnaval", in *O negro visto por ele mesmo*. São Paulo: Ubu Editora, 2022, p. 129.

"UMA DAS AGRICULTURAS MAIS PRODUTIVAS"

A negridade ela mesma, a mera existência dela como categoria, assim como os significados que ela atualiza, as intraestruturas e infraestruturas do programa filosófico e científico que a criou, tem a ver com o grande deslocamento de pessoas do continente africano – mais de 12 milhões de pessoas, das quais 5,5 milhões foram enviadas paras as plantações, minas e casas de família no Brasil. Esse deslocamento forçado, esse processo pelo qual aquelas pessoas foram tornadas mão-de-obra escrava, se combinou com dois outros deslocamentos anteriores – de europeus e populações originárias das Américas e do Caribe – ocasionados pela expropriação de terras dos povos originários por colonizadores europeus. Ao longo do último século, a categoria "negridade" tanto em sua rendição histórica quanto científica tem tido o importante papel (político-simbólico) de permitir que a expropriação de territórios e trabalho realizada por meio de mecanismos jurídicos (legais ou de violência total) fosse explicada em termos de traços morais, ocasionados pelas constituição corporal ou social. Isto é, uma condição econômica ocasionada pela extração, expropriação, indiferença e negligência foi explicada pelas ciências do homem e da sociedade como causada por uma deficiência moral com bases naturais (corporal ou mental) – e aqui me refiro à explicação biológica do século XIX e à sociológica e antropológica do século XX.

Lembrar da logística que envolve deslocar pessoas através do oceano e transportar mercadorias produzidas pela mão-de-obra escrava das Américas para a Europa não é somente lembrar da infraestrutura material do capital. Lembrar da logística é lembrar que as mercadorias produzidas pela mão-de-obra escrava,

POSFÁCIO: DENISE FERREIRA DA SILVA

que trabalhavam em terras expropriadas, também entraram na composição do capital acumulado desde então e portanto são parte do capital global.

O mesmo capital global cuja reconfiguração nos últimos quase quarenta anos resultou em várias transformações econômicas e que também parece ter deslocado o centro do embate político no Brasil. Por exemplo, economistas têm registrado um alto nível de desindustrialização da economia brasileira no período entre 1980 e 2020. Em 1981, o setor manufatureiro contribuiu com 34% do Produto Interno Bruto (PIB); em 2020, essa contribuição tinha caído para 11%. Esse declínio se deu em dois momentos, em meados dos anos 1980 e no início da primeira década deste século. Segundo a revista *The Economist*:

> As indústrias de base científica do Brasil também perderam sua participação no PIB mais rápido do que o esperado. Na década de 1980, o Brasil produzia 55% dos insumos farmacêuticos utilizados. Em 2020, esse número caiu para 5%. Quando a pandemia de covid-19 criou uma enorme demanda por vacinas, o Brasil foi pego de surpresa. A falta de materiais atrasou o lançamento da vacina.[4]

Durante os governos de Luís Inácio Lula da Silva, de 2003 a 2010, enquanto a participação do setor manufatureiro na economia encolheu, houve uma expansão da indústria extrativa, principalmente a mineração.[5] Não há como exagerar a importância do agronegócio na economia nos últimos vinte e poucos anos. Leia,

---

4 "Why Industrial Decline Has Been so Stark in Brazil". *The Economist*, mai. 5, 2022.
5 Ver Demian Fiocca, "The Prosperous Decade of 2004–13 and New Developmentalism". *Brazilian Journal of Political Economy*, v. 43, n. 2, abr.-jun. 2023.

por exemplo, esta passagem de um discurso de Dilma Rousseff aos líderes do agronegócio em 2011:

> Sem dúvida, a Confederação Nacional da Agricultura e Pecuária [Confederação da Agricultura e Pecuária do Brasil] é uma entidade à altura da importância do setor agrícola brasileiro, que representa, com todos vocês sabem, 22,4% do nosso Produto Interno Bruto e responde por 37% das nossas exportações. O Brasil se orgulha, sem dúvida, de ter uma das agriculturas mais produtivas, mais eficientes e mais competitivas, de ter uma agropecuária que está entre as melhores do mundo [...]. Além de produzirmos a maior parte dos alimentos que nossa população consome, somos o maior exportador mundial do complexo de soja, de carne, do açúcar e de produtos florestais. No ranking mundial, o Brasil ocupa a liderança na produção de açúcar, café em grãos, suco de laranja; e a segunda posição em soja, em grãos, carne bovina, tabaco e etanol. Exportamos produtos agrícolas para 214 destinos internacionais [...].
>
> Além desse caráter empreendedor, do fator tecnológico e das nossas boas vantagens climáticas, também avançamos muito em nossas políticas públicas de apoio ao desenvolvimento agrícola e à pecuária. Cito um único número: no atual Plano Agrícola e Pecuário, estão disponíveis [R$] 107 bilhões para financiar o agronegócio brasileiro, quase quatro vezes o total aplicado na safra de dez anos atrás.[6]

---

6 Discurso da Presidenta da República, Dilma Rousseff, durante cerimônia de encerramento do seminário Os desafios do Brasil como 5a potência mundial e o papel do agronegócio. Brasília, 23 nov. 2011. Disponível on-line.

POSFÁCIO: DENISE FERREIRA DA SILVA

"ISSO PRECISA ACABAR"

Não demorou muito para esse retorno à agropecuária produzir, mais uma vez, efeitos devastadores para as populações rurais. Na "Declaração do Encontro Nacional Unitário dos Trabalhadores e Trabalhadoras e Povos do Campo, das Águas e das Florestas – por Terra, Território e Dignidade!" lê-se uma análise das implicações dessa reorientação econômica:

> A primeira década do século XXI revela um projeto de remontagem da modernização conservadora da agricultura, iniciada pelos militares, interrompida nos anos 1990 e retomada como projeto de expansão primária para o setor externo nos últimos doze anos, sob a denominação de agronegócio, que se configura como nosso inimigo comum. Esse projeto, em sua essência, produz desigualdades nas relações fundiárias e sociais no meio rural, aprofunda a dependência externa e realiza uma exploração ultrapredatória da natureza. Seus protagonistas são o capital financeiro, as grandes cadeias de produção e comercialização de *commodities* de escala mundial, o latifúndio e o Estado brasileiro nas suas funções financiadora – inclusive destinando recursos públicos para grandes projetos e obras de infraestrutura – e (des)reguladora da terra. O projeto capitalista em curso no Brasil persegue a acumulação de capital especializado no setor primário, promovendo superexploração agropecuária, hidroelétrica, mineral e petroleira. Esta superexploração, em nome da necessidade de equilibrar as transações externas, serve aos interesses e domínio do capital estrangeiro no campo através das transnacionais do agro e hidronegócio.[7]

---

7 "Declaração do Encontro Nacional Unitário dos Trabalhadores e Trabalhadoras e Povos do Campo, das Águas e das Florestas". Conse-

A pauta de atuação proposta após o encontro inclui a demanda por "reforma agrária como política essencial de desenvolvimento justo, popular, solidário e sustentável, pressupondo mudança na estrutura fundiária, democratização do acesso à terra, respeito aos territórios e garantia da reprodução social dos povos do campo, das águas e das florestas"; e também soberania territorial e alimentar, agroecologia, igualdade de gênero, entre outros itens que fazem parte da agenda de organizações em todo o país.

O que ressalto, aqui, é que os termos e significados introduzidos em *Sobcomuns* servem para pensar justamente questões como essas – o que não surpreende, afinal este livro pertence à tradição radical negra e, como luz negra, expõe uma figura política que só aparece quando o capital é visto como formação global – ou seja, através da imagem da arquitetura liberal pós-iluminista que inclui a racialidade (vista como um arsenal simbólico) e de uma atenção à contínua operação da colonialidade (como modo de governança).

Essa figura política nos obriga a levar em consideração os custos humanos (sem falar dos ecológicos) do retorno a uma economia agropecuária e de mineração. Segundo os dados da Comissão Pastoral da Terra (CPT), essa nova virada para expropriação e extração é caracterizada pelo recurso à violência total. Somente na Amazônia Legal, de 2013 a 2023, o número de conflitos dobrou, foi de 495 para 926. O cenário dos conflitos também se repete: entre as vítimas, "os povos originários foram atingidos por 28% dos conflitos por terra. Na sequência estão posseiros (19%), quilombolas (16%), sem terras (12%) e famí-

———

lho indigenista missionário (Cimi), Brasília, 22 ago. 2012. Disponível on-line.

POSFÁCIO: DENISE FERREIRA DA SILVA

lias assentadas da reforma agrária (9%)". Enquanto, por outro lado, entre "os causadores da violência no campo, os fazendeiros seguem em primeiro lugar, com 23%. Em seguida está o governo federal (16%), empresários (13%) e grileiros (11%). A CPT aponta que a principal mudança em relação a 2021 foi o crescimento da participação do governo federal, que saltou 6% no período". A conclusão só pode ser que: "Os números," afirma Carlos Lima, diretor nacional da CPT, "explicitam a relação direta entre Estado e agronegócio. Trata-se de uma relação histórica baseada na exploração das comunidades, na morte de pessoas, na destruição da natureza e dos modos de vida das comunidades. Isso precisa acabar".[8]

QUANDO CONFLUÍMOS

Por fim, o que talvez seja o maior feito desta intervenção é a forma como o vocabulário crítico é introduzido em *Sobcomuns*, e também o modo como os significados e termos são tratados. O livro permite vislumbrar como já existimos de outra maneira no capitalismo global. Como explicar a incapacidade da violência total de minar a capacidade de autodefesa dessas populações se não pelo exercício da recusa? Uma recusa a morrer que, como nos lembra Conceição Evaristo, é o acordo coletivo silencioso, que expressa cumplicidade inerente aos que existem *sob*. Dentro, mas não de acordo, ao contrário e do contrário. Quando prestamos atenção vemos práticas autônomas anticoloniais, práticas da política selvagem, para o usar o conceito cunhado por Jean

---

8 Ver "Violência no campo se concentrou na Amazônia". *Brasil de Fato*, 17 abr. 2023.

Tible,[9] entre a quais encontramos, por exemplo, as do Movimento dos Sem Terra (MST), com suas práticas participativas de famílias assentadas, sua forma de ocupação e enfrentamento, que nos últimos trinta anos vêm exemplificando uma visão radical do político, um compromisso radical com a existência daquele/as que foram marcado/as para morrer – ou seja, os sob-comuns. Quando penso nesse compromisso, não posso ignorar suas bases filosóficas nas quais vejo articulações de implicabilidade. Como nas palavras do filósofo e líder quilombola, Nego Bispo, a confluência, como descritor primeiro das existências que foram aprisionadas por termos como natureza e mundo, captura a generosidade:

> Um rio não deixa de ser um rio porque conflui com outro rio, ao contrário, ele passa a ser ele mesmo e outros rios, ele se fortalece. Quando a gente confluencia, a gente não deixa de ser a gente, a gente passa a ser a gente e outra gente – a gente rende. A confluência é uma força que rende, que aumenta, que amplia.[10]

Uma expressão que sempre me desconcerta é "ao que me toca". Para mim, ela nunca perde a ambiguidade, mesmo quando usada corretamente: eu a interpreto tanto no sentido de *algo que me pertence* como de algo que, ao mesmo tempo, *me afeta*. A ambiguidade está em aquilo que me pertence (pensamento, afeto etc.) ser parte de mim, ou ter a ver comigo, e em aquilo que me afeta, que mexe comigo, ter a ver com algo externo, que me afeta de fora. A expressão carrega ambos os significados

---

9 Ver Jean Tible, *Política selvagem*. São Paulo: Glac Edições, 2022.

10 Antônio Bispo dos Santos, *A terra dá, a terra quer*. São Paulo: Ubu Editora/Piseagrama, 2023, p. 15.

POSFÁCIO: DENISE FERREIRA DA SILVA

simultaneamente e, por isso, exemplifica uma compreensão de um certo tipo de sensibilidade e de socialidade conectada que os autores definem como hapticalidade. Esse sentir, com a outra e pela outra e como a outra – que creio que Beatriz Nascimento incluiria em seu conceito de quilombo – está sempre presente quando estou junto com mulheres militantes, poetas, artistas, cozinheiras, professoras, diaristas, advogadas, enfermeiras, médicas, caixas de supermercado, engenheiras, empacotadoras, nutricionistas, marisqueiras; com as trabalhadoras todas, mães, avós, filhas, irmãs, tias, sobrinhas, primas, amantes organizadoras de ações, plataformas, marchas; com as mulheres negras e mestiças e brancas da zona oeste do Rio de Janeiro e da Coletiva Mulheres da Quebrada e da Periferia Segue Sangrando das quebradas da zona sul de São Paulo.[11] Nas periferias das maiores cidades do país elas enfrentam uma conjugação de agentes de violência total – a polícia militar, milícias e o tráfico de drogas – e atuam em/como organizações autônomas. No caso daquelas que fazem parte da Teia de Solidariedade da Zona Oeste, vale notar como elas incluem em sua agenda de atuação pautas como soberania alimentar, agroecologia, e também (claro) igualdade de gênero e direitos humanos que ressoam com aquelas dessa que talvez seja a maior articulação política rural deste momento: a Teia dos Povos,[12] cuja pauta inclui elementos da "Declaração do Encontro Nacional Unitário de Trabalhadores e Trabalhadoras e Povos do Campo das Águas e das Florestas – Por Terra, Território e Dignidade!" supracitada. Uma agenda de atuação como essa articula uma outra maneira de encarar a existência – apreciando

---

11 Sobre movimentos políticos liderados por mulheres, por elas mesmas, ver Coletiva Mulheres da Quebrada, Coletiva Periferia Segue Sangrando, revista *Quebrada Inteira* e a Teia de Solidariedade da Zona Oeste.

12 Ver teiadospovos.org.

as confluências, para retomar o termo de Nego Bispo, ou as inseparabilidades entre o humano e o não humano. Um modo de existir outro, não porque institui ou constitui o reverso de um eu transparente, uma versão do sujeito moderno que construiu e vive o neoliberalismo. Ao contrário: essa pauta política registra como, nos territórios subjugados, a forma de existir que prevalece os caracteriza como lugares generativos de experimentação daquela outra forma de existir, para a qual só a negridade pode apontar. *Ou* melhor – da forma que este livro incorpora, como uma dádiva da amizade vivida como cumplicidade.

DENISE FERREIRA DA SILVA (Rio de Janeiro, 1963) é artista visual e filósofa. Desde 2015 é professora titular do Instituto de Justiça Social da University of British Columbia (Vancouver, Canadá). Em 2023 ela assumiu a cátedra internacional de Filosofia Contemporânea no Departamento de Filosofia da Universidade de Paris 8 Vincennes-Saint-Denis. É autora de *Homo modernus: para uma ideia global de raça* (Cobogó, 2022) e *A dívida impagável: Uma crítica feminista, racial e anticolonial do capitalismo*, trad. Nathalia Silva Carneiro, Viviane Nogueira et al. São Paulo: Companhia das Letras, 2024. Sua obra artística foi exposta em museus como Centre Pompidou (Paris), Whitechapel Gallery (Londres), Masp (São Paulo), MOMA (Nova York) e Museo Nacional Centro de Arte Reina Sofía (Madrid).

POSFÁCIO: DENISE FERREIRA DA SILVA

NOTA DA TRADUÇÃO, OU UM REGISTRO DA PARTILHA

MARIANA RUGGIERI
RAQUEL PARRINE
ROGER FARIAS DE MELO
VIVIANE NOGUEIRA

Sobcomuns é sobre formas de sociabilidade e conhecimento negros que desafiam a contingência dos contêiners, pelos limites das diretrizes institucionais e expectativas sociais do sucesso neoliberal. Por isso, uma tradução coletiva deste livro foi a melhor estratégia para manter esse processo de contra-assinatura, enfatizando o conhecimento plurilógico, as soluções coletivas e a improvisação. Como tradutores, não buscamos uma definição exata e perfeitamente correspondente ao original, e não consideramos definitivas nossas soluções; compreendemos essa diáspora das ideias como um processo fluido, em movimento e tensão, em que as palavras e os conceitos também podem *consentir em não ser só um*, em que há riqueza tanto no que a tradução fixa como no que dela escapa e transcende. Traduzir não é apenas uma questão de palavras, mas de ideias que nem sempre saem ilesas de seu transporte entre um contexto e outro (neste caso, os Estados Unidos e o Brasil): alguns sentidos se perdem e outros são adicionados em um jogo de somatória final impossível e, por vezes, imprevisível. As mensagens que trocamos com os autores giraram, sobretudo, em torno de algumas dessas ideias espinhosas, para as quais precisávamos pensar alternativas de translado. "Nós também pensamos nossa própria escrita como uma tradução (às vezes não muito boa)", eles nos disseram. Preferimos expor alguns registros dessa partilha aqui, em vez de transformá-las em notas. Gostamos de pensar que toda palavra e toda ideia contêm o rumor de uma conversa ao fundo.

SOBCOMUNS (*UNDERCOMMONS*)

TRADUTORES *Em português, é um desafio chegar a uma tradução da palavra* undercommons *que represente a profundidade dos significados que ela tem em inglês. O prefixo* under- *poderia ser traduzido como "sub-". Assim, a tradução literal em português ficaria "subcomuns". O problema com essa tradução é que "sub-" só carrega o significado de* "under-" *como orientação física, como embaixo de algo. Assim, "sub-" enfatiza o sentido de ser menor ou menos, sem sua contrapartida, ou seja, o sentido de clandestino, contracultural ou subterrâneo. A conexão com a história negra e a ideia de fugitividade também é perdida, de maneira irrecuperável, porque não manteríamos a referência à* Underground Railroad, *a rota secreta de fuga e esconderijo de pessoas escravizadas nos Estados Unidos. Mencionamos essa questão porque queremos pensar formas de tornar essas referências mais explícitas. Pensamos no neologismo "sobcomuns", já que o termo "sob" aparece como prefixo e também como uma preposição que, deslocada do léxico comum, é capaz de ressoar a ideia de "aposicionalidade do sobcomum" de que vocês tratam, com mais atenção, no capítulo 6. Assim, poderia ser justificada* *a prevalência de "sob" a partir desses casos em que a preposição pode relembrar a forma da prefixação. Esperamos que a estranheza da palavra chame atenção a seus múltiplos sentidos e remeta a sentidos que enfatizem o fato de os sobcomuns estarem sob as estruturas de poder, ao mesmo tempo em que exercem influência sobre as pessoas.*

STEFANO HARNEY Acho que entendemos o problema do *under* em *undercommons* – isso até aparece muitas vezes como uma estrutura espacial em inglês também, apesar do contexto que nós temos para o que pode significar *under* e que vocês apontam. Dito isso, *undercommons* é um neologismo em inglês, então outro neologismo em português com uma explicação é uma solução atraente para nós. Mas todos os seus pensamentos sobre essas opções são ricos em possibilidades.

DIRETIVAS (*POLICY*)

Em português, nós usamos a palavra "política" tanto para politics como para policy. Assim, traduzir a palavra policy, que em inglês a princípio se relaciona às diretrizes das instituições, foi um desafio. Não quisemos usar "políticas públicas" porque as políticas das quais vocês falam não são necessariamente estatais e frequentemente são privadas. No Brasil, várias das "boas" políticas que são públicas, como por exemplo o Sistema Único de Saúde, estão sendo ameaçadas e dissolvidas nos últimos anos pela lógica privada. Temos consciência de que a diferença entre o público e o coletivo é central nessa perspectiva dos comuns. Mas não seria o caso de canalizar o público (e o Estado) por meio de uma democracia radical – e, se fosse, ainda teria sentido falar em termos de policy (se pensarmos em sua relação com a polícia)?

NOTA DA TRADUÇÃO, OU UM REGISTRO DA PARTILHA

Para nós, é importante que os leitores entendam desde o começo que o Estado é "um efeito", não somente algo monolítico, como Stefano diz na entrevista ao fim do livro. Como podemos manter a noção biopolítica de policy e ao mesmo tempo indicar o colapso da diferença entre público e privado?

SH Sobre a palavra *policy*, de fato o problema é que não a estamos usando da forma comum em inglês. Estamos hackeando a palavra para nossos próprios fins para mostrar que a premissa de todas essas *policies* é uma necessidade de consertar o outro, tendo se declarado consertado ou sem a necessidade de conserto. Isso vale para "boas" *policies* também, na nossa perspectiva. Então, por um lado, estamos usando a palavra com essa ideia bem específica e, por outro, aplicando-a para todos os atos dessas *policies*, públicas, privadas, ou nos comuns, entendidas como um diagnóstico mais coletivo de alguém "errado". Mas também diríamos que nosso objetivo não é nunca uma crítica do Estado, ou da universidade, ou de políticas sociais, nem de nada que dependa da unidade do indivíduo, consertado ou sem consertar, mas do próprio indivíduo soberano como uma fantasia perigosa que desata todas essas coisas e opera nelas, não importando a intenção de destruir ou extrair.

EMBARCADOS (*SHIPPED*)

Quanto à tradução da palavra shipped *(e sua presença ubíqua no mundo das compras virtuais), nós a entendemos como uma forma de manter as analogias que vocês criam entre logística e escravidão e a primazia da calculabilidade como valores tanto coloniais como neoliberais, enfatizando a continuação de práticas coloniais em transações atuais supostamente objetivas. Gostaríamos de saber se a escolha de* shipped *se dá em função da redução de pessoas negras a coisas (uma ideia fundamental da política e da economia no capitalismo) ou se existem outros movimentos em jogo.*

SH Nós diríamos que essa relação entre escravidão e logística não é análoga. De fato, como a logística e a escravidão são inseparáveis, não há uma relação entre elas. Isso não quer dizer que elas são a mesma coisa. Quer dizer que a metafísica da separação ou individuação, que governa nosso uso de termos como "um", "o mesmo" e "relação", é também a força governante em uma economia política que está estruturada no delineamento de pessoas e coisas. Em outras palavras, o que está em jogo é a metafísica (e uma economia política corolária) da distribuição, que dominaria uma física, e uma ecologia social corolária da partilha. Uma das razões por que gostamos de estar envolvidos em discussões com as pessoas que são generosas o suficiente para traduzir "nosso" trabalho é que se trata de uma extensão do estudo comum em que estamos envolvidos e que excede e envolve e difunde aquilo que chamamos de "trabalho". Ao trabalhar com nossos tradutores, que se tornam nossos coautores, ainda estamos envolvidos na escrita do livro, que é inseparável da leitura do livro. O livro continua aberto, nesse sentido, como uma espécie de campo tradutório! De qualquer forma, a diferença entre distribuição e partilha nos foi indicada pelos tradutores de *Tudo incompleto* para o francês, ao remeterem àquilo que se perde, ou é infeliz, na tradução ao inglês do livro de Jacques Ranciére, *La partage du sensible* [A partilha do sensível], como *The Distribution of the Sensible* [A distribuição do sensível]. Nossas discussões com eles nos fizeram perceber que na distinção entre logística e logisticalidade nós estávamos nos aproximando de algo como a distinção entre distribuição e partilha. E também a reconhecer que a brutalidade da distribuição é dada não na redução da pessoa a uma coisa, mas na separação entre a pessoa e a coisa. Para nós, o termo *shipped* se refere a esses princípios e a essas práticas infernais da distribuição. Outra forma de ver isso é que, para nós, especiação, racialização e distribuição estão conectadas em e como *shipping*. A palavra carrega/partilha o mesmo campo semântico. A palavra *shipping* é um campo tradutório mesmo quando dá nome às práticas que procuram separar e distribuir o campo. Os *shipped* são aqueles que preservam e preparam continuamente esse campo de partilha mesmo quando eles foram objetos de distribuição, cuja brutalidade é uma função de sua impossibilidade. *Shipping* é a brutalização genocida da partilha. Nada, em sua incompletude, pode ser *shipped*. Tudo só pode ser compartilhado. De outra forma, cada/um, toda entidade in/di/visível e in/di/vidual, é *shipped*, é sujeito à logística. Racialização, ou epidermalização, é a distribuição das intensidades variantes de brutalização que está contida no artifício segundo o qual o destino dos *shipped* só diz respeito àqueles que foram distribuídos. O que há de profundo (a alma/o *soul*) do povo negro (ou seja, a negridade) não é que ele foi o único a ser embarcado, ou a ser reduzido a coisa a partir de algum status originário como pessoa. O que é profundo a respeito do povo negro é que ele faz uma opção preferencial por partilhar a distribuição *na* distribuição e contra ela, ou o ser-embarcado, que já está dado na distinção entre pessoa e coisa.

ASSENTADO/DESASSENTADO (*SETTLED/UNSETTLED*)

Passamos bastante tempo discutindo a melhor tradução para settled/unsettled. *No Brasil, associamos "assentado" e "assentamento" mais ao Movimento dos Trabalhadores Rurais Sem Terra [MST] e menos a práticas coloniais, então estamos um pouco hesitantes. Ao mesmo tempo, "assentamento" também é a palavra utilizada para se referir à ocupação israelense na Cisjordânia. Isso nos faz pensar na dissertação da antropóloga Mariana Cruz de Almeida Lima, em que ela relata um encontro entre um grupo de palestinos e outro de pessoas sem-terra no Assentamento Terra Vista, na Bahia, mediado por um intérprete pouco cauteloso. Os palestinos perguntam, surpresos, aos sem- -terra: "por que vocês fariam assentamentos* [settlements] *em terras que não são suas"?*

SH Nosso uso de *settler* está sempre derivado, é claro, da expressão *settler colonialism* [colonização de povoamento ou colonialismo de ocupação] em todas as suas variantes, *settle, settled, settlement*, suprimindo e convocando seu oposto, *unsettled*, ou aquele que está sujeito à brutalidade do *settlement*. O pronunciamento da completude do sujeito contida na própria ideia do *settlement* é um aspecto dessa brutalidade vislumbrada nas lutas dos *unsettled*. Mais cedo ou mais tarde há um acerto de contas com todo *settlement* e com todo pleito por terra, um acerto de contas dos *unsettled* que está desde sempre aqui, e que chegará até mesmo à terra palestina ou a um assentamento do MST. Talvez seja menos brutal que os colonos israelenses ou o destino manifesto estadunidense, mas na medida em que o *settlement* tenta estabelecer a separação entre terra e pessoa de modo a colocá-las em relação nos termos da propriedade e dos bens, ele provocará seu próprio *unsettling*. Por isso, a resposta desconfortável para a pergunta desconfortável colocada pelos palestinos aos sem-terra é que toda terra não é nossa. Podemos apenas esperar que a história do desabrigo [*homelessness*] – mesmo suas tribulações – tenha preservado uma história da partilha para neutralizar as tentações do *settlement* como distribuição, mesmo em sua forma compensatória de redistribuição. As traições do pós-colonialismo sugerem que isso precisa ser pensado agora, e não quando a redistribuição ocorrer.

FRED MOTEN Outra forma de dizer isso é que não devemos nos contentar [*settle*] com a mera redistribuição. Aqui está um outro sentido para a palavra *settle*: aceitar aquilo que já existe (isto é, os termos já existentes da ordem).

AMIZADES CONECTADAS (*NETWORKED FRIENDSHIPS*) E DESAMPARO/DESABRIGO (*HOMELESSNESS*)

Queríamos ouvir um pouco sobre o conceito de amizade conectada (em oposição à amizade contratual). Também gostaríamos de ouvir mais sobre o conceito de homelessness, que parece estar gerando ruído entre leitores, e parece carregar algumas das tensões ao redor do par settle/unsettle. *Agradecemos muito por essa troca que, se não aponta soluções, ao menos aponta caminhos.*

SH Nós poderíamos opor as amizades das redes sociais, ou o que chamamos de "gregariedade", à amizade real, mas isso seria problemático. O conceito de amizade, de qualquer tipo, tem como premissa relações interpessoais. Ou seja, ela começa na premissa de indivíduos unindo-se em acordos ou, em outras palavras, como se diz, talvez toda amizade seja contratual, já que o "amigo" é uma entidade legal, o indivíduo, mesmo se o acordo é amar um ao outro.

Então talvez seja melhor nos perguntarmos qual é o outro ou o oposto do amigo ou da amizade. Sempre houve tentativas de responder a isso. Irmãos e irmãs, camaradas etc. Quer dizer, estarmos conectados não por escolha individual, mas por condições compartilhadas, e o que cria o laço é o reconhecimento não de cada um, mas daquela condição compartilhada. Não "Eu vejo você". "Eu vejo/sinto isso e/ou a nós". Isso é a que estávamos tentando chegar, em parte, com a hapticalidade.

Sobre *homelessness* (que se relaciona a estar sem teto, mas não é a mesma coisa) – em inglês, quando convidamos alguém para nossa "casa", nós dizemos, como vocês sabem, *make yourself at home* [faça-se em casa]. E você sabe que Derrida diz que esse ato é mesmo abrir mão de sua casa, ou pelo menos da proteção dela. Mas e se não for sua casa? O que significa convidar alguém para algo que não te pertence?

Em Barbados, eles têm um tipo de casa chamado *Chattel House* [casa móvel]. É feita de madeira e normalmente tem três quartos com um telhado pontiagudo (que nesse caso é chamado de *three hit* [três pontas]). Essas casas podem ser desmontadas, guardadas e movidas, e muitas vezes isso acontecia. A plantocracia apropriou-se de toda a terra e quando eles queriam o lugar onde você estava eles mandavam você sair, e então você pegava sua casa e se mudava até a próxima vez em que teria que se mudar. Eu tenho certeza de que existem paralelos no Brasil.

Talvez *homelessness* seja a condição verdadeira da hospitalidade? Faça-se em casa como nós fizemos.

Então, penso sobre uma das cenas favoritas para mim e o Fred no fim de *O diabo veste azul*, que é também um dos filmes favoritos de nosso mentor, Cedric Robinson. A fala "seus amigos são tudo o que você tem" talvez possa ser entendida como um contraponto à declaração de Denzel do que ele tem: sua casa, sua varanda. Então, os amigos aqui não são algo interpessoal, mas ontológico, não só tudo o que você tem, mas tudo o que você é.

FM Tudo o que o Stefano diz funciona para mim também. Há algo que dizemos às vezes, ecoando a grande escritora e pensadora afro-americana-caribenha Zora Neale Hurston: "minha língua é a boca do meu amigo". Claro, tal formulação, que borra

NOTA DA TRADUÇÃO, OU UM REGISTRO DA PARTILHA

a distinção entre o literal e o figurativo, também borra os limites que, por sua vez, definem as relações entre corpos e pessoas. Quanto a isso, a amizade opera fora dos fundamentos metafísicos ou dos termos de ordem que dizem que a governam, confinando-a, assim, ao campo da política. Amizade é, nesse ponto, uma prática, não uma condição. E se a amizade for alguma forma de prática tonal, percussiva ou só musical, vibratória em geral, que parece oscilar entre ser ("tudo o que você é são seus amigos") e ter ("tudo o que você tem são seus amigos"), mas que na verdade excede e contém e envolve esses conceitos? Um campo de força ou sentimento animaterial de possessão antográfica? *Partilha. Homelessness*, como diz Stefano, é partilhar. É partilhar, mas também fazer uma opção preferencial pelo desalojamento, da mesma forma como a teologia da libertação pregava a importância fundamental de fazer uma opção preferencial pelos pobres, o que quer dizer os pobres em espírito, que são aqueles que recusam a propriedade, o próprio. Tal privação é vivida como riqueza na recusa de privacidade. Essa é a articulação a que Hortense Spillers se refere: o roubo do corpo, que é dado na imposição do corpo como uma ideação privilegiada ou um conceito de propriedade ou, mais precisamente, como a condição/locus espaçotemporal da capacidade de possuir como propriedade, uma capacidade que exercemos, em primeira instância, contra nós mesmos. Desculpe-me por tagarelar. É nisso que nós todos estamos trabalhando agora. Essa prática de amizade, dada em tradução! Estamos nisso juntos. Nossa(s) língua(s) em suas bocas, nossas palavras em suas mãos. Por favor, não estou tentando ser vulgar ou sugestivo, apesar de a erótica disso, no sentido mais amplo não sexual/não sensual (como diria Fumi Okiji), estar desde sempre lá, aprendida lá, no porão, como hapticalidade. Como senti(mento). Trabalhar nisso é inspirador. Nos toca!

REFERÊNCIAS

PREFÁCIO — **O além indomável**
Comitê Invisível, *A insurreição que vem*. São Paulo: Edições Baratas, 2013.
Chandan Reddy, *Freedom with Violence: Race, Sexuality and the US State*. Durham: Duke University Press, 2011.
Maurice Sendak, *Where the Wild Things Are*. New York: Harper Collins, 1988.

1. O cerco à política
Michael Parenti, *Make-Believe Media: The Politics of Entertainment*. New York: St. Martin's Press, 1992.

3. Negridade e governança
Michel Foucault, *História da sexualidade: A vontade do saber*, v. 1, trad. Maria Thereza da Costa Albuquerque e J. A. Guilhon Albuquerque. São Paulo: Paz e Terra, 2020.
Kara Keeling, *The Witch's Flight: The Cinematic, The Black Femme, and the Image of Common Sense*. Durham: Duke University Press, 2007.
Jacques Lacan, "O estádio do espelho como formador da função do eu", in *Escritos*, trad. Vera Ribeiro. Rio de Janeiro: Jorge Zahar Editor, 1998.
Karl Marx, *Grundrisse: manuscritos econômicos de 1857–1858: esboços da crítica da economia política*, trad. Mario Duayer e Nélio Schneider. São Paulo: Boitempo, 2011.
Harryette Mullen, "Runaway Tongue: Resistant Orality in Uncle Tom's Cabin, Our Nig, Incidents in the Life of a Slave Girl, and Beloved", in Shirley Samuels (org.), *The Culture of Sentiment: Race, Gender, and Sentimentality in Nineteenth-Century America*. New York: Oxford University Press, 1992.
Telma Golden, *Freestyle*. New York: Studio Museum in Harlem, 2001. (Sobre questões de negridade e estilo)
Amiri & Fundi Baraka, *In Our Terribleness: Some Elements and Meaning in Black Style*. New York: Bobbs-Merrill, 1970. (Para uma refutação precoce)

5. Planejamento e diretivas

Fred Moten, "Black Op". PMLA, v. 123, n. 5, 2008, pp. 1743–47.

Cornel West, "Reconstructing the American Left: The Challenge of Jessie Jackson". *Social Text*, n. 11, 1984–85, pp. 3–19.

Antonio Negri, *The Porcelain Workshop*, trad. Noura Wedell. Los Angeles: Semiotext(e), 2008. (Para uma discussão de "comando" na economia)

Paolo Virno, *Gramática da multidão: para uma análise das formas de vida contemporâneas*, trad. Leonardo Palma Retamoso. São Paulo: Annablume, 2013. (Sobre oportunismo)

6. Fantasia na apreensão do porão do navio

Sara Ahmed, *Queer Phenomenology: Orientations, Objects, Others*. Durham: Duke University Press, 2007.

Sandro Mezzadra e Brett Neilson, *Border as Method, or, the Multiplication of Labour*. Durham: Duke University Press, 2013.

Omise'eke Natash Tinsley, "Black Atlantic, Queer Atlantic: Queer Imaginings of the Middle Passage". GLQ, v. 14, n. 2–3, 2008.

REFERÊNCIAS

ÍNDICE ONOMÁSTICO

Abu-Jamal, Mumia 169
Adorno, Theodor 42
Ahmed, Sara 50, 106

Balduíno, Tomás 192
Baraka, Amiri 154, 161, 163
Bennett, William 50
Blackwell, Ed 108
Bloom, Harold 29
Boggs, James 181
Bok, Derek 29
Brown, James 81, 152
Brown, Michael E. 46
Brown, Wendy 157, 159
Bulhan, Hussein Abdilahi 58
Butler, Judith 86

Césaire, Aimé 161
Chandler, Nahum 83
Cherry, Don 108
Clough, Patricia 103
Coltrane, John 159, 164–65

Delany, Samuel 161
Deleuze, Gilles 13, 61, 136, 156
Derrida, Jacques 29, 38–39, 41, 212
Desideri, Valentina 137
Dimon, Jamie 184
Dixon, Willie 180
Donne, John 11, 162
Du Bois, W. E. B. 56, 178
Dukakis, Michael 42

Evaristo, Conceição 189, 199

Fanon, Frantz 11, 83, 109, 122–23, 155–56, 161–63, 166, 179, 187
Feher, Michel 101
Fiocca, Demian 195
Fish, Stanley 29
Fortunati, Leopoldina 89
Foucault, Michel 48–49, 60, 89, 92
Freyre, Gilberto 191

Gambino, Ferruccio 178
Gaye, Marvin 150–51
Gilmore, Ruth Wilson 50
Glissant, Édouard 183
Graeber, David 184
Graff, Gerald 29
Guattari, Félix 61, 119
Guthrie, Woody 164–65

Hampton, Fred 166
Hardt, Michael 15, 103
Harney, Robert F. 104
Harris, Laura 129
Hegel, Georg W. F. 38, 115
Hurston, Zora Neale 212

Jackson, Jesse 81
Jackson, Michael 169
James, C. L. R. 27, 117, 180, 184
James, Selma 117
Jameson, Fredric 32
Jay-Z (Shawn Corey Carter) 16
Jenkins, B. 105

Kelley, Robin 36
Kilson, Martin Luther 58
King, Martin Luther 179
Kitaro, Nishida 109

Lacan, Jacques 58
Lazzarato, Maurizio 64–65
Lee, Grace 181
Lewis, George 181
Lima, Carlos 199, 210
Little Davie 152
Lopez, Bubba 176
Louis, Henry 50

Mac, Bernie 94
Mackey, Nathaniel 107–09, 111
Mandarini, Matteo 174
Marazzi, Christian 97
Marley, Bob 111
Martin, Randy 19, 58, 100, 179
Marx, Karl 53, 62, 101, 114–15, 177, 183–84
Mayfield, Curtis 14, 88, 136, 150
Mezzadra, Sandro 106
Mitchell, Tim 169
Mitropoulos, Angela 100

Nascimento, Beatriz 29, 193, 201
Nego Bispo (Antônio Bispo dos Santos) 200, 202
Negri, Antonio 15, 62, 64, 100
Neilson, Brett 106
Nelson, Cary 29

Obama, Barack 81, 85
Okiji, Fumi 213

Page, Jimmy 180
Parenti, Michael 21
Parisi, Luciana 103
Parker, Charlie 111
Pasquinelli, Matteo 178
Piper, Adrian 45
Plant, Robert 180

Ranciére, Jacques 208
Readings, Bill 29, 34
Reagan, Ronald 28
Reddy, Chandan 11
Rhine, Dont 140
Robinson, Cedric 155, 212
Roosevelt, Theodore 165
Rose, Nikolas 60–61
Rousseff, Dilma 191, 196
Rudder, David 112
Rumsfeld, Donald 97–98

Schoenberg, Arnold 164
Schwartz, Zach 129
Scott, James 168, 170–73
Sendak, Maurice 9
Silva, Denise Ferreira da 134, 174
Silva, Luís Inácio Lula da 195
Simon, John 17
Spivak, Gayatri 11, 35, 51, 61
Staples, Mavis 152
Stephanopoulos, George 180

Terranova, Tiziana 63
Tible, Jean 200
Tronti, Mario 144, 169, 174

Virno, Paolo 15, 60, 97, 134
Vishmidt, Marina 101

ÍNDICE ONOMÁSTICO

Weeks, Kathi 157
West, Cornel 81–82, 85, 153
West, Kanye 16
Wilderson, Frank B. 16, 106–07, 109, 165
Wilson, Ruth 50

SOBRE OS AUTORES

FRED MOTEN nasceu em Las Vegas, em 1962. Em 1984, completou a graduação na Universidade Harvard e, em 1994, o doutorado em Letras na Universidade da Califórnia, Berkeley. É professor nos departamentos de Estudos da Performance e Literatura Comparada na Universidade de Nova York desde 2015 e na European Graduate School desde 2019. Integrou os conselhos editoriais das revistas *Callaloo*, *Discourse*, *American Quarterly* e *Social Text*. É parte de uma série de grupos de estudo, incluindo Stefano Harney & Fred Moten, Black Arts Movement School Modality, Le Mardi Gras Listening Collective, Center for Convivial Research and Autonomy, Moved by the Motion, Institute of Physical Sociality e Harris/Moten Quartet. Por suas contribuições acadêmicas e literárias, recebeu bolsas, prêmios e editais de instituições como MacArthur Foundation (2020), Rockefeller Foundation (2018), Foundation for Contemporary Arts (2018), Guggenheim Foundation (2016) e African American Literature and Culture Society (2016).

OBRAS SELECIONADAS

(com Stefano Harney) *Tudo incompleto* [2021], trad. Victor Galdino e Viníciux da Silva. São Paulo: GLAC Edições, 2023.

All That Beauty. Portland: Letter Machine Editions, 2019.

The Service Porch. Portland: Letter Machine Editions, 2016.

The Little Edges. Wesleyan University Press, 2014.

The Feel Trio. Portland: Letter Machine Editions, 2014.

B Jenkins. Durham: Duke University Press, 2010.

Na quebra: a estética da tradição radical preta [2003], trad. Matheus dos Santos. São Paulo: crocodilo/n-1 edições 2023.

STEFANO HARNEY nasceu em 1962. Em 1985, graduou-se em Letras na Universidade Harvard, em 1988 concluiu o mestrado em Estudos Estadunidenses na Universidade de Nova York e em 1993 obteve o doutorado em Ciências Sociais e Políticas na Universidade de Cambridge. É professor na European Graduate School desde 2019. Entre 2020 e 2021, foi professor visitante na Faculdade de Artes da Universidade Yale com financiamento da Hayden Fellowship e professor honorário do Instituto para Gênero, Raça, Sexualidade e Justiça Social na Universidade da Colúmbia Britânica. Atuou como gerente do secretariado de antirracismo do governo de Ontário, no Canadá, como diretor artístico na Trienal da Assembleia de Bergen, na Noruega, e liderou o Projeto de Currículo Universitário Global Compact do Programa de Desenvolvimento das Nações Unidas, no Vietnã. Harney faz parte de grupos de estudo como Le Mardi Gras Listening Collective, Ground Provisions, Pilgrims of the Undercommons, *freethought*, Center for Convivial Research and Autonomy.

OBRAS SELECIONADAS

(com Fred Moten) *Tudo incompleto* [2021], trad. Victor Galdino e Viníciux da Silva. São Paulo: GLAC Edições, 2023.

A-Z of Business: A Convivial Guide. Durham: Duke University Press, 2019.

State Work: Public Administration and Mass Intellectuality. Durham: Duke University Press, 2002.

Nationalism and Identity: Culture and the Imagination in a Caribbean Diaspora. London: Zed Books, 1996.

Dados Internacionais de Catalogação na Publicação (CIP)
Elaborado por Vagner Rodolfo da Silva – CRB-8 / 9410

M917s Moten, Fred [1962–] e
        Harney, Stefano [1962–]
        Sobcomuns: planejamento fugitivo e estudo
        negro / Fred Moten, Stefano Harney; título original:
        *The Undercommons: Fugitive Planning & Black
        Study* / tradução e notas de Mariana Ruggieri, Raquel
        Parrine, Roger Farias de Melo, Viviane Nogueira; prefácio
        de Jack Halberstam; entrevista de Stevphen Shukaitis;
        posfácio de Denise Ferreira da Silva
São Paulo: Ubu Editora, 2024, 224 pp.
ISBN 978 85 7126 159 4

1. Racismo. 2. Política. 3. Filosofia. 4. Educação universitária.
5. Negridade. I. Moten, Fred. II. Harney, Stefano. III. Ruggieri,
Mariana. IV. Parrine, Raquel. V. Melo, Roger Farias de.
VI. Nogueira, Viviane. VII. Título.

2024–1265   CDD 305.8   CDU 323.14

Índice para catálogo sistemático:
1. Racismo 305.8
2. Racismo 323.14

UBU EDITORA
Largo do Arouche 161 sobreloja 2
01219 011 São Paulo SP
ubueditora.com.br
professor@ubueditora.com.br
🇫 📷 /ubueditora

© Ubu Editora, 2024
© Fred Moten e Stefano Harney, 2013

DESENHOS © Rodrigo Treviño, Jazael Olguín Zapata
(Cooperativa Cratera Invertida)

Somente alguns direitos reservados. Esta obra possui a licença Creative Commons de "Atribuição + Uso não comercial + Não a obras derivadas" (BY-NC-ND)

EDIÇÃO DE TEXTO Gabriela Naigeborin
ASSISTENTE EDITORIAL Cinthya Moreira
PREPARAÇÃO Mariana Echalar
REVISÃO Bruna Barros
COMPOSIÇÃO Nikolas Suguiyama
TRATAMENTO DE IMAGEM Ana Paula Macagnani
PRODUÇÃO GRÁFICA Marina Ambrasas

EQUIPE UBU

DIREÇÃO Florencia Ferrari
DIREÇÃO DE ARTE Elaine Ramos; Júlia Paccola
     e Nikolas Suguiyama (assistentes)
COORDENAÇÃO Isabela Sanches
EDITORIAL Bibiana Leme e Gabriela Naigeborin
COMERCIAL Luciana Mazolini e Anna Fournier
COMUNICAÇÃO / CIRCUITO UBU Maria Chiaretti, Walmir Lacerda
     e Seham Furlan
GESTÃO SITE / CIRCUITO UBU Laís Matias
ATENDIMENTO Cinthya Moreira e Vivian T.

FONTES Karmina e VTC Carrie
PAPEL Pólen bold 70 g/m²
IMPRESSÃO Margraf